视觉边界

对消费者感知数量、信息记忆及礼物选择行为的影响

THE EFFECTS OF VISUAL BOUNDARIES
ON CONSUMERS' PERCEIVED QUANTITY, MEMORY AND GIFT CHOICE BEHAVIOR

欧阳筠 著

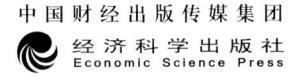

中国财经出版传媒集团
经济科学出版社
·北京·

图书在版编目（CIP）数据

视觉边界对消费者感知数量、信息记忆及礼物选择行为的影响/欧阳筠著． --北京：经济科学出版社，2023.12

ISBN 978-7-5218-5302-5

Ⅰ. ①视⋯ Ⅱ. ①欧⋯ Ⅲ. ①消费者行为论-研究 Ⅳ. ①F713.55

中国国家版本馆 CIP 数据核字（2023）第 201236 号

责任编辑：杜　鹏　张立莉　常家凤
责任校对：王肖楠　靳玉环
责任印制：邱　天

视觉边界对消费者感知数量、信息记忆及礼物选择行为的影响

欧阳筠　著

经济科学出版社出版、发行　新华书店经销
社址：北京市海淀区阜成路甲 28 号　邮编：100142
总编部电话：010-88191217　发行部电话：010-88191522
网址：www.esp.com.cn
电子邮箱：esp@esp.com.cn
天猫网店：经济科学出版社旗舰店
网址：http://jjkxcbs.tmall.com
固安华明印刷有限公司印装
710×1000　16 开　12.25 印张　200000 字
2023 年 12 月第 1 版　2023 年 12 月第 1 次印刷
ISBN 978-7-5218-5302-5　定价：68.00 元
（图书出现印装问题，本社负责调换。电话：010-88191545）
（版权所有　侵权必究　打击盗版　举报热线：010-88191661
QQ：2242791300　营销中心电话：010-88191537
电子邮箱：dbts@esp.com.cn）

前　言

本书通过对视觉边界的前置变量、后置变量及内在机制的梳理，并结合营销实践中存在的问题，试图从感知、认知及行为层面探讨视觉边界可能产生的影响。视觉边界为主要研究对象，本书将其定义为：一种有形的，可以被个体通过视觉有效地感知的边界型设计元素，它的呈现形式为修饰性线条或边框，其功能表现为对整体页面的划分、分割或者是对目标内容物的包围，从而更为明显地区分、限定各单位内容物及其归属。视觉边界作为一种设计元素，经常被应用在营销广告及产品包装中。因此，本书通过开展三个方面的研究，分别探讨视觉边界对消费者感知数量的影响、视觉边界对消费者信息记忆的影响及视觉边界对消费者礼物选择的影响。

在研究一中，研究人员将视觉边界的影响聚焦于感知层面，考察视觉边界对感知数量的影响，以及注意力分布的中介作用。六个正式实验（其中包括一项眼动实验）验证了相关主效应、中介效应、调节效应及其下游效应。研究发现，视觉边界引导个体定位首次注视点，并阻碍注意力跨边界转移，从而有效地将注意力限制在页面的局部位置，导致个体通过局部信息去评估全局信息，最终造成对页面中整体内容物数量的估计偏差。具体而言，当视觉边界为横向型时，相比于无视觉边界的情况，个体更多地将首次注视点定位于页面的上半部分，并更少地将注意力转移至页面的下半部分，最终造成对整体内容物数量的低估；当视觉边界为纵向型时，相比于无视觉边界的情况，个体更多地将首次注视点定位于页面的左半部分，并更少地将注意力转移至页面的右半部分，最终导致对整体内容物数量的低估。需要指出的是，无论视觉边界是直线型或曲线型，无论页面内容物是文字型或图片型，无论感知处理过程中是否存在时间压力，视觉边界对感知数量的影响均稳定存在。

在研究二中，研究人员将视觉边界的影响延伸至认知层面，考察视觉边界对信息记忆的影响，以及注意力的中介作用。四个正式实验（其中包括一项眼动实验与一项田野实验）验证了相关主效应、中介效应及其下游效应。研究发现，视觉边界引导个体定位首次注视点，并阻碍注意力跨边界转移，从而将注意力集中在页面的局部位置，导致该位置上的信息获得足够的关注，并产生更好的记忆效果。具体而言，当视觉边界为横向型时，相比于无视觉边界的情况，个体更好地记忆了页面上半部分的信息；当视觉边界为纵向型时，相比于无视觉边界的情况，个体更好地记忆了页面左半部分的信息。并且，在对产品不存在先验知识或明确偏好前提下，该效应还会进一步影响消费者的购买行为，导致消费者在横向视觉边界存在时更倾向于购买页面左半部分的产品；而在纵向视觉边界存在时，更倾向于购买页面上半部分的产品。

在研究三中，研究人员将视觉边界的影响更明确地扩展到行为层面，考察视觉边界对礼物选择行为的影响，以及感知祝福强度的中介作用。四个正式实验验证了相关主效应、中介效应及调节效应。研究发现，当消费者计划为人际关系远的接收者挑选礼物时，由于缺乏接收者信息，不确定礼物是否让接收者合意，所以他们期望强调礼物中包含的心意，表达出"礼轻情意重"的意思。相应地，使用视觉边界对礼物包装上的祝福信息进行包围修饰，可以有效提升祝福语被感知的祝福强度，因此，消费者会更大概率地为关系远的接收者选择有视觉边界设计的礼物。反之，

前　言

当消费者计划为人际关系近的接收者选择礼物时，他们拥有更为充足的接收者偏好信息，因此，他们对所选礼物的合意性是相对确定的，并更强调礼物本身，而弱化了对"礼轻情意重"意思的传达意图，最终导致消费者对视觉边界设计的选择偏好被削弱。并且，通过使用视觉边界去包围产品图片而非祝福信息，而导致的人际关系与视觉边界对礼物评价的交互影响失效，进一步验证了关于感知祝福强度的内在机制的真实有效性。

本书从感知、认知及行为层面拓展了视觉边界的理论研究结果，并且相关理论研究结论也具有相对重要的实践意义，为营销人员和消费者提供了启示。首先，面对现今信息爆炸的社会环境，营销人员需要在保持实际信息数量不变的前提下，解决"消费者感知信息数量过多"的问题，让消费者从心理上接受信息并愿意进一步处理信息。使用视觉边界将降低消费者对广告页面信息的感知数量，可以解决消费者对广告内容"不想看"问题。其次，消费者还受困于"看什么"问题。当遭遇纷繁复杂的信息时，他们的首选策略一般是无目的地随意式浏览。使用视觉边界将引导消费者去关注并识记某些特定的信息，这有助于企业营销人员通过该策略将核心关键信息传递给消费者。最后，"为他人选"作为一个更加复杂的决策环境，也为消费者决策增加了困难。在此环境中，营销人员需要帮助消费者完成对"如何看（理解）"问题的预测。使用视觉边界包围关键祝福信息，将增强消费者传达心意的信心，从而对消费者实际选择行为产生积极作用。综上所述，本书研究议题具有重要的理论和实践意义。

目　　录

第 1 章　绪论 ································· 1
- 1.1　研究背景及问题的提出 ···················· 1
- 1.2　研究意义 ································ 7
- 1.3　研究方法及研究内容 ···················· 10

第 2 章　文献回顾 ·························· 14
- 2.1　边界的相关研究 ························ 14
- 2.2　视觉注意力的相关研究 ·················· 23
- 2.3　感知数量的相关研究 ···················· 30
- 2.4　信息记忆的相关研究 ···················· 37
- 2.5　礼物选择的相关研究 ···················· 42

第 3 章　研究设计 ·························· 50
- 3.1　研究框架 ······························ 50
- 3.2　研究假设的提出 ························ 52
- 3.3　实验方法 ······························ 61
- 3.4　实验前测 ······························ 66

第 4 章　视觉边界对消费者感知数量影响的实证研究 ·············· 71
- 4.1　实验概述 ······························ 71
- 4.2　实验一：视觉边界对感知菜品数量的影响 ·········· 71

1

视觉边界对消费者感知数量、信息记忆及礼物选择行为的影响

  4.3 实验二：视觉边界对感知相亲候选人数量的影响 …………… 74

  4.4 实验三：注意力在视觉边界对感知 App 数量影响中
     起中介作用 …………………………………………………… 77

  4.5 实验四：注意力引导的调节作用 …………………………… 83

  4.6 实验五：纵（横）向视觉边界对感知数量的影响
     以及其下游效应 ……………………………………………… 87

  4.7 实验六：时间压力的调节作用 ……………………………… 93

  4.8 本章小结 ……………………………………………………… 96

第 5 章 视觉边界对消费者信息记忆影响的实证研究 ……………… 97

  5.1 实验概述 ……………………………………………………… 97

  5.2 实验一：视觉边界对信息记忆的影响 ……………………… 97

  5.3 实验二：纵（横）向视觉边界对信息记忆的影响 ………… 100

  5.4 实验三：注意力在视觉边界对信息记忆的影响中
     起中介作用 …………………………………………………… 104

  5.5 实验四：视觉边界对信息记忆的影响及其下游效应 ……… 110

  5.6 本章小结 ……………………………………………………… 114

第 6 章 视觉边界对消费者礼物选择行为影响的实证研究 ………… 115

  6.1 实验概述 ……………………………………………………… 115

  6.2 实验一：人际关系对选择视觉祝福边界礼物的影响 ……… 116

  6.3 实验二：传达祝福意愿的中介作用 ………………………… 118

  6.4 实验三：感知祝福强度的中介作用 ………………………… 121

  6.5 实验四：信息类型的调节作用 ……………………………… 126

第 7 章 研究结论 …………………………………………………………… 130

  7.1 研究总结 ……………………………………………………… 130

  7.2 创新点 ………………………………………………………… 133

  7.3 实践启示 ……………………………………………………… 135

  7.4 研究局限和未来研究方向 …………………………………… 137

附录 ··· 139
    附录一：前测实验材料 ··· 139
    附录二：研究一实验材料 ··· 140
    附录三：研究二实验材料 ··· 143
    附录四：研究三实验材料 ··· 146

参考文献 ··· 148

第1章

绪 论

视觉营销在营销实践中发挥着重要的作用。消费者每天都会在电视、报纸、杂志、广告牌以及互联网上接触到各种各样明显的广告信息。与此同时，消费者还会通过产品包装、货物陈列、商店装饰等途径接触到隐含的信息。这些信息通过视觉感官输入消费者的信息处理系统，从而影响消费者的感知、记忆、判断和选择（Folkes & Matta, 2004; Hagtvedt & Brasel, 2017; Styles, 2005; Wedel & Pieters, 2007）。现今的市场营销环境竞争异常激烈，商家们都在努力寻求差异化，但大部分企业还是不得不面临红海竞争。此时，源于消费者心理最底层的机制，即让消费者"眼见为实""用眼睛购物"成为实现企业利润收益的一条可行之路，也越发引起业界人士的关注。基于此，本书将研究的关注点放在"如何通过视觉输入对消费者产生感知、认知，甚至是更为深远的行为层面的影响"。在众多的视觉元素中，本书将研究对象定位在"视觉边界"这一设计元素上，因为其本质属性是 UI 设计中最基础的三大元素之一的"线条"。越是基础的元素其应用范围越是广泛，影响越是深远。因此，本书的研究目的在于探讨视觉边界这一元素会对消费者产生何种影响，以及是如何产生这些影响的。

1.1 研究背景及问题的提出

视觉营销的理论发展是以视觉科学、认知心理学和社会心理学为基础的。视觉营销的一个重要组成部分是视觉传达（visual communication）设计，包括标志、包装和广告设计等。而实现视觉传达的设计元素包括颜色、形状、大小、材质及光泽度等（Wedel & Pieters，2007）。这些元素的呈现形式和呈现环境均可能影响消费者对它们的反应，因为这些视觉元素通过"显著性"吸引消费者注意，让消费者关注商家想让其关注的信息（Dickson & Sawyer，1990），或者提供引导性"线索"，改变消费者的信息处理方式，最终达成引导消费者行为的结果。图片是视觉传达的重要媒介，产品图片的出现可以让消费者更好地想象产品的外观、味道、气味、感觉，甚至是声音（Underwood et al.，2001），因此，产品图片的存在会正向影响消费者对产品包装的态度以及消费者感知品牌属性的信念（Underwood & Klein，2002）。正因为视觉设计元素在影响消费者感知、态度、行为等多方面的重要作用，因此，它们在很长一段时间里得到了研究人员广泛的关注，针对这些设计元素的研究也有较为丰富的成果。

首先，有关颜色的研究表明，颜色会引发情感，在情感层面上更多地吸引消费者，色调的变化也会导致个体情感上的系统性差异（Labrecque et al.，2013）。例如，相比于长波长的颜色（如红色），短波长的颜色（如蓝色）会让人感到放松（Valdez & Mehrabian，1994）；而长波长的颜色相比短波长的颜色更能引起人们的兴奋感（Bagchi & Cheema，2013）。另外，带有红色标签的饮料比带有绿色标签的饮料让人感觉更甜也更加营养丰富（Sugrue & Dando，2018），而冷色系的颜色，如蓝色，相比于暖色系的颜色，如红色，更能传达出健康的含义（L. Huang & Lu，2016）。其次，对形状的研究则指出，越是"瘦高"形状的产品包装，越会让消费者感知到产品的内容物多（Yang & Raghubir，2005），而且相比于矮胖型包装，瘦高型包装的食品也会被认为包含更少的卡路里（Koo & Suk，2016）。另外，相比于具有完整形状的产品，不完整形状的产品会让消费者低估它的大小和重量，即使两者的实际重量和大小是相同的，并且消费者更不喜欢不完整形状的产品（Sevilla & Kahn，2014）。同样地，在实际容量相同的情况下，非正常（新奇）的产品包装形状比正常的产品包装形状会让消费者感知产品容量更大（Folkes & Matta，2004）。再次，对大小的研究则发现，图片大小对人们的触觉识别行为和探索行为是有显著影响的，即当人们被要求触摸并思考图片时，面对越大的图片，人们的触摸识别行为越频繁，探索时间也越长（Wijntjes et al.，2008）。另外，人们在观看小尺寸、中尺寸、大尺寸的内容相同的图片时会激起不同的情感变化,通过对皮肤电导的测量发现,随着观察图片尺寸的增加,皮肤电导的指标值也线性增加(Codispoti & De Cesarei,2007)。最后,有关光泽度的研究表明,具有粗糙表面的食品包装的食品让消费者感知更健康、更自然,也更能激起本身就具有"追求健康"目的的消费者对该食品产生更加强烈的购买意图(Marckhgott & Kamleitner,2019);但是,相对"光滑"的包装表面则与"不健康"相联系,因此,有"追求健康动机"的消费者会选择更少地消费这种包装的产品(Ye et al.,2020)。

视觉传达的媒介除了图片外,还有文字。例如,对文字特征的研究表明,人们认为衬线字体比无衬线字体更加优雅迷人、感性、鲜明、美丽、温柔、有趣等,也具有更高的易读性;而无衬线字体则表现出更多的男子气概、强大、聪明等(Tantillo et al.,1995)。当字体是自然、和谐、丰满时,呈现的视觉效果是令人愉悦的;当字体的自然度、精细度高并被适当压缩时,字体被认为是有吸引力的;当字体和谐度和丰满度高时,字体被认为是令人心安的(Henderson et al.,2004)。而对文字的意义传达方面的研究则指出,粗体、简洁、易读的字体与经济、便宜、强度相关联,因此,适用于汽车、建筑材料等产品的广告设计;而斜体、华丽的字体与奢侈、尊贵相关联,适合于珠宝、香水等产品的广告设计(Poffenberger & Franken,1923)。而手写字体可以提升人性化存在感知(perceptions of human presence),增强消费者和产品之间的情感依恋,从而对产品产生有利评价和行为(Schroll et al.,2018)。另外,关于文字易读性的研究表明,虽然易读字体普遍受到喜欢也促进对产品的积极评价(Gmuer et al.,2015),但在特定的情景下,如产品类型的不同,则有些许差异。具体而言,当消费者面对的是休闲娱乐型旅游产品时,易读的广告字体,相比于难读的字体,更可以促进消费者对旅游产品的购买意愿;而当消费者面对冒险刺激型的旅游产品时,效果则恰恰相反,难读的广告字体比易读的广告字体导致消费者更高的购买意愿(Y. Huang et al.,2018)。

可见,视觉营销不仅关注了图片和文字媒介所产生的影响,也细致地研究了各种视觉元素对消费者感知、评价和行为上的影响。但是,综合分析现有文献中的研究对象,我们发现,现有研究对视觉设计中最基础元素的关注还是较少的。根据康定斯基的论点,构图设计中最基本的三要素为点、线、面，而线又是其中最灵活的元素。在视觉设计中，无论是在包装还是在广告中，均不可避免地需要使用到这一元素。线型元素之所以灵活，是因为它既可以缩小极端化为"点"，也可以扩大极端化为"面"，并且它还有不同的呈现形式，直线、曲线、螺旋线等，不同的呈现形式也具有不同的表征意义。人们对线最主观的感受就是，线条的出现往往意味着"分割""区分"。例如，一幅画中的线条，它在分割页面空间的同时勾勒出轮廓，然后通过划分出来的内部区域，如一条鱼的轮廓，表达出"鱼"的含义。而表示这种"分割""划分"含义的概念，在社会学和心理学研究中，学者们将其定义为"边界"。边界概念很早就植根人们的思维中，因为人们习惯于通过在物理世界或环境中分配"事物"，从而构建各种边界，来努力对眼中无序的物理世界或环境施加"规律"和"稳定"（Eviatar，1991）。边界包括两种呈现形式，即有形边界和无形边界。

无形边界的典型代表是个体自我边界和社会边界。个体的自我边界划分了"我"与"非我"、"我的"与"非我的"（Federn，1935）。心理边界与个体的自我扩展和自我保护是息息相关的（Aron et al.，1991）。具体而言，当外部环境有利于保持个体自我边界的完整性时，个体倾向于自我扩展，扩大自我心理边界；而当外部环境威胁个体自我边界的完整性时，个体倾向于自我保护，缩小自我心理边界（Burris & Rempel，2004）。当个体心理边界延伸至特殊他人，例如，划分"我的"朋友，个体定义了关系自我（relational self），进而当个体的心理边界扩张到更大范围、更非人格化的群体时，个体定义了群体自我（collective self）（Brewer & Gardner，1996）。关系自我和群体自我已涉及社会领域，各种社会边界被划分了出来。社会边界是社会差异的客观形式，表现为对资源（无论是物质还是非物质资源）和社会机会的不平等分配和获取，集体认同、阶级、种族民族、性别、职业、知识文化、地理空间等，均是社会边界的划分依据（Lamont & Molnár，2002）。社会边界内部的个体表现出稳定的社会行为模式。当然，这种社会边界的划分并不是一成不变的，事实上，社会边界是模糊和弹性化的，其构建过程往往经历三个阶段：边界模糊、边界建立以及边界维护，其间伴随着各种交换和权衡（Liu，2015）。而有形边界除了生理边界，如皮肤、细胞膜等，还包括一些物理边界，如天花板、墙体、过道等。可见，边界存在的主要目的通常是在对我们所处的客观世界及主观世界进行着各种各样的划分。

第1章 绪　论

在营销领域，"边界"这一概念是直到卡特赖特（Cutright，2012）才明确提出的，而视觉边界作为一种有形边界，常常出现在产品包装和广告设计中，但其对消费者心理及行为的影响则是在近几年才逐步引起人们的关注。在之前的研究中，研究人员将视觉边界理解为一种视觉线索，它可以是线条、边框或色块等（Hou et al.，2018；Wen & Lurie，2019），它具有一定的美学属性，因此，对其使用大多出于美化和修饰的目的（Hartmann et al.，2008；Sevilla & Townsend，2016）。但是，研究人员发现，视觉边界的作用不仅局限于美化和修饰，它还可以影响消费者对距离、多样化、相似性的感知，也可以从行为层面配合不同的情景促进或削弱消费者的购买意图。在实践中，视觉边界的使用也十分普遍，如商品包装上框定商标的线条、商品包装内部用于分隔出独立小包装的虚拟分格、网页设计中的分隔框等。我们可以从以下数据中，侧面了解视觉边界使用的普遍程度，根据 Alexa 排名在 2017 年数据，当年美国流量排名前 100 的购物网站中，有 58 个网站使用了分隔各种产品或各种产品属性的视觉边界，其中将视觉边界用于分隔产品的网站有 28 个（占 48.28%），将视觉边界用于分隔产品属性的网站有 26 个（占 44.83%），而使用视觉边界同时分隔产品和产品属性的网站有 4 个（占 6.90%）（Alexa，2017）。

由此可见，视觉边界在营销领域被普遍使用，但涉及视觉边界的研究还较少，因此，进一步探讨视觉边界对消费者的影响是有必要的。另外，设计元素越是基础，越具广阔的应用领域，也就越值得去探讨其作用及作用机理。因此，本书从一种基本设计元素的角度，着重探讨线条型视觉边界的影响。本书认为，视觉边界在引导消费者注意力、改变消费者对广告中包含的信息数量的感知和对广告中关键信息的记忆，甚至于对其购买行为具有一定的影响作用。并且通过对视觉边界的影响作用的探讨，也有利于帮助营销人员应对现今营销实践中的问题。

具体而言，随着信息化进程和互联网络的发展，每天有数十万条新闻、文章通过互联网传送，而全球网络中每天的文件传输量是以百万计数的，而且这些数据不是静态存在的，而是动态的信息流（Lang & Kosak，1999）。由于人们每天会被动地曝光在数量巨大的各种广告宣传信息之下，而面对纷繁复杂的信息，人们很容易会出现信息超载的状况，信息超载不仅会导致人们被迫不得不增加信息处理时间，更会使人们减少对相关信息的关注，即产

视觉边界对消费者感知数量、信息记忆及礼物选择行为的影响

生对信息处理的排斥（J. Jacoby, 1984; J. Jacoby et al., 1973; J. Jacoby et al., 1974）。例如，当你看到一张展示了密密麻麻内容的宣传单时，你的第一反应不是集中注意力去认真阅读，而是把它丢弃。因此，研究如何帮助消费者对复杂信息进行"降维"处理，让人们感知信息的数量少了，从心理上接受信息并进一步处理信息，解决消费者对广告内容"不想看"的问题是具有研究意义的。另外，消费者对广告浏览的参与度低、注意力资源有限，并且他们对广告的浏览都充满了"随机"和"任意"（Rayner, 1978），原本商家希望消费者重点关注的信息，往往会被消费者不经意地忽略了。因此，如何帮助消费者集中有限的注意力只关注重要核心信息，帮助消费者有效识别和记忆信息，解决消费者对广告内容"看什么"问题也具有重要的研究意义。最后，当消费者持有借助商品传递信息的意图时（如在赠送礼物的场景中），人们不再只关心自己"看什么"的问题，而更关注希望对方"如何看""如何理解"的问题。并且随着自身与对方的人际距离的提升，这种预期对方"如何看"的需求会不断提高，进一步参与到礼物商品的选择行为。因此，在这一特殊的情景下，帮助消费者确保信息在传递过程中的强度，增强传达方对于"通过该商品我的心意可以被对方有效获取"的信心，从而增加对该礼物商品的选择概率，这一研究议题也是具有重要的研究和实践意义的。

综上所述，本书的研究目的在于：基于视觉边界现有的研究成果，发展一个有关视觉边界、注意力、消费者感知、消费者记忆、消费者选择的理论框架，探索视觉边界对消费者感知数量、信息记忆及礼物选择的影响，分析注意力分布及信息强度在各效应中的中介作用。本书接下来将采用定量研究模式，对以下问题进行探讨。

（1）视觉边界对消费者的数量感知有怎样的影响？

（2）视觉边界对消费者信息记忆有怎样的影响？

（3）视觉边界与人际距离的交互作用对消费者礼物选择行为有怎样的影响？

（4）视觉边界对消费者的数量感知和信息记忆作用背后的机制是什么？即视觉边界如何引导消费者注意力分布，并进而影响消费者数量感知和信息记忆？

（5）视觉边界与人际距离的交互作用对礼物选择行为影响的内在机制

是什么？即在人际距离远（或近）时，视觉边界如何影响消费者对信息强度的感知，并进而影响消费者的礼物评价与选择？

1.2 研究意义

视觉输入是消费者获取相关信息，并作出最终购买决策的重要依据。在海量信息面前，营销人员往往投入大量资源，也未必能达成对消费者有效引导及促进购买的效果。研究人员认为，视觉边界特别是线型视觉边界，作为一种普遍使用的设计元素，如果能解决消费者面对广告信息或产品信息时"不想看""看什么"及"如何看"的问题，也就是引导消费者注意力分布，降低信息量感知、关注核心信息，那么这是具有相对重要的理论和实践意义的。并且基于以往研究，可以预见对信息数量的感知的影响，以及对核心信息的记忆的影响会延续至消费者的实际消费行为，如产品选择或购买意愿等。因此，对视觉边界这一营销概念进行更深入的探讨和挖掘，不仅有利于在理论上扩展相关研究，也对营销实践者如何设计和使用视觉边界提供启发。

1.2.1 理论意义

第一，本书填补了视觉营销研究领域的"视觉边界"的相关内容。着重关注了最为基础的线型视觉边界的影响。前人对视觉边界的研究中主要关注其功能意义，如划分归属，以及其象征意义，如赋予规整有序的寓意。但对视觉边界如何影响消费者注意力分布却鲜有涉及。本书以视觉边界为研究对象，从消费者信息获取的视角探讨其对消费者感知、记忆的影响，因此，可以填补相关研究领域中的不足。

第二，视觉营销领域对"注意力"的研究普遍关注于视觉线索本身的显著性，例如，明亮的颜色、大的标识、新奇的形状等视觉线索会直接吸引消费者注意力，进而对消费者的判断、偏好、评价产生影响。但是，视觉边界对注意力的影响并不在于其本身对注意力的吸引，而在于其对注意力分布的引导，即它可以有效地帮助消费者去关注某些局部信息，而非全部信息，从而利用有限的注意力资源，让个体更有效地处理核心关键信息。本书通过个体眼动数据来分析视觉边界对个体视觉注意力分布的影响，即确定视觉边界对个体在广告页面中首次注视点落位和持续注视时长的影响。

第三，前人对感知数量的研究中主要探讨了人们对距离、容量和（单位）数量的感知，而影响因素多源于目标对象本身的特征，如路线中的转弯、容器的长宽比、形状、色彩、排布方式等，较少地涉及因注意力分布的"被侧重"而导致的感知偏差。即使有学者（Folkes and Matta, 2004; Hagtvedt and Brasel, 2017）近年来的研究涉及注意力，其解释机制为个体的"错误归因"。而本书从"引导"的角度，探讨由于视觉边界导致的个体注意力分布模式的改变，而导致的感知偏差。这是与以往研究有所不同的。

第四，以往对个体记忆效果影响因素的研究主要从个体特质，如积极（vs. 消极）情绪促进信息精细化处理；信息类型，如图片（vs. 文字）具有优势效应；信息传播，如综合多感官模式输入或重复曝光效果，等等。可见，以往对记忆的研究虽然涉及信息类型，但却较少地关注视觉设计的基本元素，如视觉边界的相关内容。因此，本书提出视觉边界通过影响个体注意力分布，进而影响个体信息记忆效果的结论，在一定程度上丰富了有关消费者信息记忆的相关研究。

第五，以往对感知信息强度的研究主要是基于信息处理策略的角度，并指出信息呈现的格式或上下文背景对信息被处理的模式产生影响，最终作用于信息被感知的强度、效力。然而，本书则创新性地从注意力集中所引起的个体对隐含线索的推导来解释本效应内在原理。具体而言，使用视觉边框包围祝福信息，会导致接收者推测赠送者的目的在于传达祝福"心意"而非礼物本身。因此，越是关系远的赠送者，对接收者可能的反应越敏感，因此，越有可能发觉并利用这一推测。

第六，本书完善了礼物包装领域的研究，关注礼物包装上的视觉边界这一特殊的、以往研究较少涉及的设计元素，并发现由于礼物赠送者需要预判接收者的感知，因此，他们的选择行为并不仅受制于礼物本身的含义，也对礼物外在包装传达出来的意义是敏感的，特别是当消费者赠予礼物的对象是一位关系较为疏远的人时，消费者更期望强调"心意"而非"礼物"，此时使用视觉边界设计元素去包围祝福信息正符合消费者对强调"心意"的需求，最初促成选择。

1.2.2 实践意义

第一，由于海量信息的冲击，消费者对处理广告宣传等信息总是抱有一定程度的抵触心理。并且消费者对信息的需求也是有差异的，每个人对何种信息的偏好各不相同，因此，营销人员经常面临这样的困境：一方面，传达过少的信息或提供过少的选择，往往意味着大部分消费者可能因无法被满足而流失；另一方面，传达全方位的信息或者提供多样化选择，又往往意味着消费者会因无法处理大量信息而放弃，同样流失了消费者。因此，对营销人员而言，"有效传达关键信息"是十分必要的。除了实际控制传达信息的量，是否还有一些途径在不改变信息数量的同时，降低消费者感知到的信息量？本书的相关结论可以帮助营销人员解决此类问题，即通过使用视觉边界降低消费者感知数量。

第二，以往的研究表明，消费者对诸如宣传单、广告、网页等图片型材料的浏览情况和对文本页面的浏览情况并不相同，前者更具随机性，可以从图片材料的任何位置开始（Rayner，1978）。这也导致了营销人员希望通过放置关键信息在页面左上位置，从而让消费者更好地记忆这部分信息的目的可能落空了。而视觉边界通过引导消费者的首次关注点，并将消费者的视觉注意力集中于特定位置上，来达成帮助消费者有效记忆关键信息的目的。

第三，与通过"显著性"吸引消费者注意力的其他视觉元素不同，视觉边界并非通过自身的属性特征来吸引消费者注意力，进而达到降低感知数量和提高对关键信息记忆的目的。视觉边界的作用仅在于"引导"注意力而非"吸引"注意力，这一特点也让视觉边界作用得更加"隐蔽"。随着消费者对营销知识的累积，他们很容易对"强加"给他们的信息产生抵触、不接纳，而视觉边界本身并未刻意地引起消费者注意，其存在是相对自然的，而其产生的作用也是相对隐蔽的，因此，减少了消费者由于感知到"被暗示"而产生的排斥心理，从而更好地达成营销人员的目标。

第四，帮助消费者进行核心信息的记忆是营销人员的难题。商家提供广告信息的最终目的是促成消费，而从信息传递到消费行为之间面临诸多困难，其中包括：一方面，消费者的购买决策更多地依赖存储与记忆系统的信息，但由于认知资源的有效性，消费者无法记忆所有信息；另一方面，在商家提供的各种信息中，也并非具有同等重要性，核心关键信息更需要被传导进入消费者记忆系统。而视觉边界的存在可以帮助消费者在认知资源有限的条件下，更准确地识别关键信息，从而促进关键信息的存储记忆。

第五，本书的研究结论可以帮助礼物市场的营销实践者正确认识视觉边界这一设计元素的使用规范。目前，礼物市场中对该元素的使用呈现出无规则、随机化状态，营销人员在设计礼物包装时完全依赖美学感知方面的知识，这导致了他们并没有根据礼物类型背后可能隐藏的人际关系来设计包装。例如，一些情人节特别推出的情侣间礼物，其背后暗示的人际关系就较为亲密，因此，使用视觉祝福边界设计的礼物可能只会增加企业设计和印刷成本；但是，一些正式的礼物，如茶叶礼盒或者月饼礼盒，其背后暗示的人际关系可能就相对疏远，因为它们有可能被送给意图拉近关系的同事，此时使用视觉祝福边界就能迎合需求，创造良好人际关系。因此，正确有效地设计和使用视觉边界，对营销人员的销售实践具有重要意义。

1.3 研究方法及研究内容

本书研究的基本结构是通过对相关概念及其研究进行理论梳理，探讨本书的研究方向、研究价值和研究基础。通过逻辑构建、推导提出本书的研究假设，以定量研究的方法对研究假设进行实证分析及验证。最后提出本书未来的研究方向及不足。本书使用的研究方法和主要的研究内容如下所述。

1.3.1 研究方法

本书主要从消费者感知、认知和行为角度研究视觉边界对消费者感知数量、信息记忆的影响。主要采用实验法及统计分析法等方法进行研究。

（1）实验室实验法。实验室实验法是自然科学研究中普遍使用的一种方法，而在消费者行为研究领域也常使用此方法进行行为影响因素的探索。实验室实验法可以更有效地控制外源变量的影响，分离出研究关注的核心变量，更准确地估计变量之间的关系。

（2）田野实验法。田野实验法可以解决实验室实验法无法解决的外部效度问题，研究者在现实环境中通过操纵刺激物来观测现实中的因果关系，它虽然无法完全屏除外部干扰因素，但却最接近真实世界规律。

（3）眼动实验法。眼动实验法是指通过特定仪器——眼动仪，借助"瞳孔—角膜反射方法"，通过近红外线追踪、监测、分析个体的眼睛运动、注视路径及注意力分布状态等信息，并对获取的信息进行后续的相关分析，以此推断被试对刺激物上信息的处理模式以及可能的心理反应。

（4）定量研究方法。本书主要使用 SPSS 22.0 对相关数据进行统计分析，涉及的统计分析方法包括：独立样本 T 检验、方差分析、Bootstrap 等。本书运用统计分析对提出的假设进行验证分析。

1.3.2　研究内容及技术路线图

本书分为绪论、文献回顾、研究设计、视觉边界对消费者感知数量影响的实证研究、视觉边界对消费者信息记忆影响的实证研究、视觉边界对消费者礼物选择行为影响的实证研究及研究结论七个章节，具体内容如下。

第 1 章，绪论。本章通过对研究背景的梳理，提出了本书的研究问题。并阐述了本书主要的研究意义，包括理论与实践意义。并简要概述了本书的研究方法与基本内容框架。

第 2 章，文献回顾。首先，本章通过对本书的主要概念——边界，进行了国内外相关文献的梳理与总结，回顾了边界的前置变量和结果变量，为本书概念模型的提出奠定了理论基础。其次，分析了视觉注意力的相关研究，对视觉注意力进行了分类，探讨了选择性视觉注意力机制，以及针对不同材料，如文本或图片，视觉注意力转移的差异对比，从而为后续分析视觉边界对消费者注意力分布的影响假设打下基础。最后，本章对感知数量、信息记忆及礼物选择的相关研究进行了回顾和梳理，总结了各种类型的感知数量及受感知数量影响的行为变量；各种记忆类型及影响记忆效果的因素；各种礼物特质及人际特质对礼物选择的影响，为后续研究提供理论依据。

第 3 章，研究设计。首先，基于文献回顾构建本书的概念模型。详细推导视觉边界对消费者注意力分布的影响，以及注意力分布对感知数量和信息记忆的影响，从而提出研究假设 H1～假设 H4。与此同时，详细推导人际距离与视觉边界对感知祝福强度及后续礼物选择的影响，从而提出研究假设 H5、假设 H6。其次，对本书使用的测量方法，即眼动追踪和记忆测量，进行简单概述，说明本书在后续实证分析中采用此类测量方法的原因。最后，进行了两项前测任务，为后续实证分析中实验的设置提供了依据。

第4章，视觉边界对消费者感知数量影响的实证研究。针对研究一的具体研究问题进行实证检验。实证部分包括六个正式实验：实验一与实验二分别采用文字型和图片型实验材料，验证了视觉边界降低消费者感知数量主效应；实验三与实验四分别采用直接测量方式和过程调节方式，验证了注意力分布的中介效应；实验五通过使用不同方向的视觉边界，证明无论是对横向视觉还是纵向视觉边界均存在对感知数量影响的主效应，并且这种影响还会进一步延伸至消费者对产品的购买意愿和对产品供应商的营销实力的评估；实验六验证了无论是否存在时间压力该效应均存在。通过对六个实验中获取的相关数据运用数理统计分析，对数据结果进行讨论，验证了研究一的研究假设。

第5章，视觉边界对消费者信息记忆影响的实证研究。针对研究二的具体研究问题进行实证检验。实证部分包括四个正式实验：实验一验证了视觉边界对消费者信息记忆的影响；实验二则验证了无论是纵向视觉还是横向视觉边界均存在同样的效果，再次验证了主效应；实验三通过对消费者眼动数据的分析，证明了注意力分布的中介作用；实验四使用一个田野实验，验证了视觉边界确实会通过影响消费者信息记忆，从而影响消费者对产品的选择。通过对四个实验获取的相关数据进行数理统计分析，对数据结果进行讨论，验证了研究二的研究假设。

第6章，视觉边界对消费者礼物选择行为影响的实证研究。针对研究三的具体研究问题进行实证检验。实证部分包括四个正式实验：实验一验证了人际关系距离对视觉边界选择偏好的影响。实验二验证了赠送者祝福意图对主效应的中介作用。实验三同时操纵人际关系距离和视觉边界呈现，验证了当人际关系远时，视觉边界对消费者礼物评价产生积极影响；而当人际关系近时，视觉边界的积极影响被削弱甚至消失，与此同时，消费者的感知祝福强度在该交互效应中起到中介作用。实验四采用调节的方式再次证明了主效应，证明了当使用视觉边界修饰祝福信息时，上述交互效应仍然存在；而当使用视觉边界修饰产品图片信息时，该交互效应被抑制，从而再次证明了本书对感知祝福强度中介作用的推理有效性。

第7章，研究结论。本章根据研究一、研究二及研究三的数据分析结果，归纳总结本书的主要结论，阐明本书的研究贡献，并阐述本书的局限性

第1章 绪 论

与未来展望。

本书的技术路线如图1.1所示。

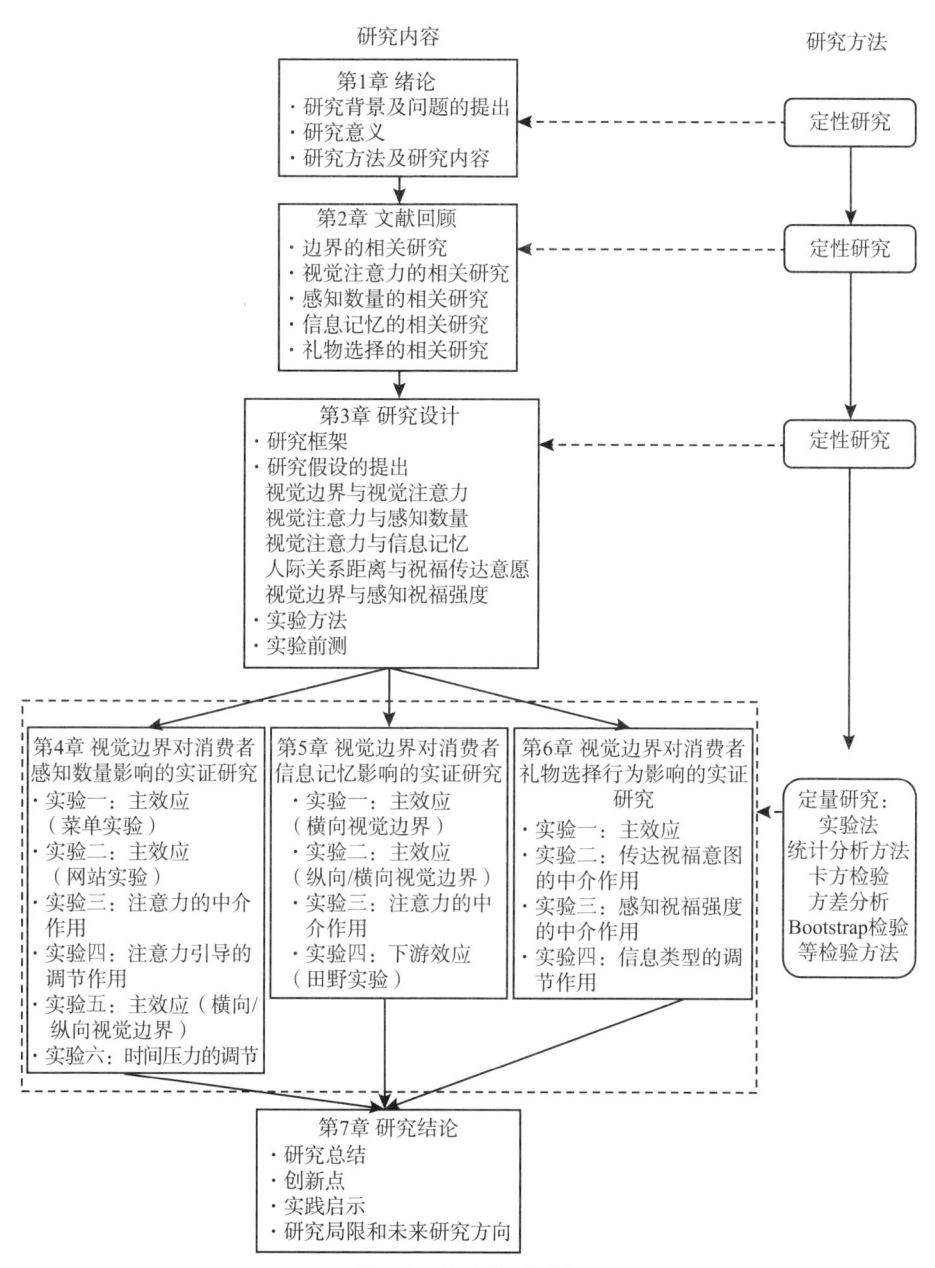

```
研究内容                                    研究方法

┌─────────────────────┐
│    第1章 绪论        │
│·研究背景及问题的提出 │ ←------  定性研究
│·研究意义             │
│·研究方法及研究内容   │
└─────────────────────┘
         ↓
┌─────────────────────┐
│   第2章 文献回顾     │
│·边界的相关研究       │
│·视觉注意力的相关研究 │ ←------  定性研究
│·感知数量的相关研究   │
│·信息记忆的相关研究   │
│·礼物选择的相关研究   │
└─────────────────────┘
         ↓
┌─────────────────────┐
│   第3章 研究设计     │
│·研究框架             │
│·研究假设的提出       │
│ 视觉边界与视觉注意力 │ ←------  定性研究
│ 视觉注意力与感知数量 │
│ 视觉注意力与信息记忆 │
│ 人际关系距离与祝福传达意愿│
│ 视觉边界与感知祝福强度│
│·实验方法             │
│·实验前测             │
└─────────────────────┘
         ↓
┌──────────────┬──────────────┬──────────────┐
│第4章 视觉边界对消费者│第5章 视觉边界对消费者│第6章 视觉边界对消费者│
│感知数量影响的实证研究│信息记忆影响的实证研究│礼物选择行为影响的实证│
│                     │                     │研究                 │
│·实验一：主效应      │·实验一：主效应      │·实验一：主效应      │
│ （菜单实验）        │ （横向视觉边界）    │·实验二：传达祝福意图│
│·实验二：主效应      │·实验二：主效应      │ 的中介作用          │
│ （网站实验）        │ （纵向/横向视觉边界）│·实验三：感知祝福强度│
│·实验三：注意力的中介│·实验三：注意力的中│ 的中介作用          │
│ 作用                │ 介作用              │·实验四：信息类型的调│
│·实验四：注意力引导的│·实验四：下游效应    │ 节作用              │
│ 调节作用            │ （田野实验）        │                     │
│·实验五：主效应（横向│                     │                     │
│ /纵向视觉边界）     │                     │                     │
│·实验六：时间压力的调节│                   │                     │
└──────────────┴──────────────┴──────────────┘
                                                    定量研究：
                                                    实验法
                                              ←---  统计分析方法
                                                    卡方检验
                                                    方差分析
                                                    Bootstrap检验
                                                    等检验方法
         ↓
┌─────────────────────┐
│   第7章 研究结论     │
│·研究总结             │
│·创新点               │
│·实践启示             │
│·研究局限和未来研究方向│
└─────────────────────┘
```

图1.1 研究技术路线

第2章

文 献 回 顾

2.1 边界的相关研究

本书主要的研究对象是视觉边界,它是一种有形边界。为了更为全面地了解其相关概念的内容,本书将从以下四个方面进行梳理:边界概念的梳理、边界的前置变量、边界的后置变量以及边界产生作用的解释机制。最后,对因变量"视觉边界"进行界定,为后续的理论模型及相关假设的提出奠定基础。

2.1.1 边界概念的梳理

边界的概念在组织学、社会学、心理学、神经学以及营销学中均有研究,衍生出的相关概念较多,例如:文化边界、组织边界、心理边界、物理边界、虚拟边界等(Adderio, 2001; Fuller, 2003; Kimball & Kim, 2013)。各学科对于各种"边界"的定义较为含蓄,也不尽相同。例如,文化边界被定义为区分和界定不同文化因素或文化综合现象空间分布的界线(孟宪平, 2016);组织边界是指将组织与其所处环境区分开来,并描绘组织内部关系以及组织与环境的关系(Schneider, 1987);心理边界代表了个体的心理范围,个体在这个确立的范围内可以有效探索世界(周菲、白晓君, 2009);物理边界是指从空间中引出一个独立的地方,并确定特定位置的规则和管理行为（Wen & Lurie, 2019）；虚拟边界是指在网络空间中通过连接的网站结构和个体进入具体网站或页面的方式对网络行为实行的一种限制（Jacob & Zhang, 2013）。

除了以上各种边界的分类定义，学者们也对边界提出了综合性的界定。例如：施耐德（Schneider, 1987）指出，边界是用以定义系统，确定系统内部关系和系统之间关系，管理边界的方式也会影响系统的运行，对边界的构建和磋商创造了系统有效运作所必需的差异化和一体化水平。在营销学领域，卡特赖特（Cutright, 2012）第一次明确提出边界概念，认为边界在本质上决定了事物的所在，从而表征了环境中秩序和结构的建立。并且将边界分为有形边界和无形边界，有形边界指的是分离和包含目标对象的视觉可见的界限；而无形边界是指分离和包含目标对象的看不见的界限。在对无形边界和有形边界的定义中，强调了边界对目标对象的两种作用形式，即"分离"和"包含"。针对有形边界，后续研究的学者补充性地提出了"视觉边界"的概念，虽未明确定义，但指出视觉边界是在产品包装设计中的线条、边缘、框、受限区块（如颜色区块）等（Hou et al., 2018; Wen & Lurie, 2019），可用于对内容物的单位项目（items）进行划分和定义，其具有装饰或引导功能。

2.1.2 边界的前置变量

在营销学领域，以往对边界前置变量的研究较为有限，主要涉及的前置变量有个人控制感、权力状态、敬畏情绪、风险水平、孤独感、混乱物理环境等。具体的研究内容及结论如下。

2.1.2.1 个体控制感对边界偏好的影响

研究发现，个人控制感是人类的基础需求（George, 1955; Lefcourt, 1973; White, 1959），因为人们讨厌充满随机性的生活，他们相信自己可以有意识地产生预期的结果，并避免不期望的结果发生（Skinner et al., 1988），而边界预示着事物的归属，并最终会在环境中构建结构和秩序。具体而言，边界可以给感知失控的个体两种补偿收益，包括：功能性收益，即让人们更有效地关注对他们而言重要的环境元素；象征性收益，即让人们感觉到生活并非一种随机和嘈杂的状态。因此，感知失控的个体相比于未感知失控的个体对边界（如有边框的商品、有边框的画、有围起来的架子或商店等）有更强的偏好（Cutright，2012）。并且，这种对边界的偏好不仅针对个体外部，如产品包装、物品设置中的边界，也针对个体内部，即在个体心理上构筑一道心理边界，个体抵制跨越这道边界（Cutright et al.，2013）。

2.1.2.2　权力状态对边界偏好的影响

有关权力状态对边界偏好的影响实质上是失控感对边界偏好影响的一种延伸。研究人员发现，权力来自对重要资源的控制（Keltner et al.，2003），并且有较高的私有导向（Rucker et al.，2012），表现出更多的主动行为模式。相比处在低权力状态个体，处于高权力状态个体也会对权力有更高的彰显需求，而边界代表并增加了控制，因此，处于相比于低权力状态，高权力状态将促使个体产生更高的边界偏好（童璐琼，2015）。

2.1.2.3　敬畏情绪对边界偏好的影响

研究人员发现，敬畏存在两个核心特征，"知觉上的浩大"和"顺应的需要"（Keltner & Haidt，2003）。处在敬畏情绪中的个体会感知到自身的渺小，并产生谦卑和顺从（Piff et al.，2015；Shiota et al.，2017），这种"自我消失"的感受同样属于控制感的缺失，出于修补控制感缺失的目的，个体对有边界的品牌标识产生了更高的偏好（曹菲、王霞，2018）。

2.1.2.4　风险水平对边界偏好的影响

研究指出，"安全"是比"自由"更为基础的需要（Maslow，1943），当人们感知风险水平高时，他们产生了"安全"需要，从而有强烈的动机去寻求保护；但当人们感知风险水平低时，他们产生了"自由"需要，从而有强烈的动机去突破限制。而有边框的商标是指一个物理边界（边框）围绕在目标物（商标）周围，将其与环境分隔开来。当人们有寻求保护的动机时，这种分隔是人们所期待的（Ger & Yenicioglu，2004）；而当人们有突破限制的动机时，这种分隔则是人们所不期待的（Grossbart et al.，1990）。因此，处于高风险水平的个体将商标边框与"保护"相联系，更偏好有边界的产品,并增加后续购买意图;而处于低风险水平的个体将商标边框与"限制"相联系,更不偏好有边界产品,并减少后续购买意图(Fajardo et al.,2016)。

2.1.2.5 孤独感对边界偏好的影响

研究指出,孤独感是个体在其社交网络不足时所感受到的不愉快体验(Ernst & Cacioppo,1999),当孤独感越高时,个体越会感觉到自己对生活、对身边事物缺乏控制(陈瑞、郑毓煌,2015),控制感的缺失会促使人们寻求补偿,而边界设计则满足了这样的需求,补偿了个体对控制感的缺失,因此,相比于低孤独感,高孤独感的个体会对边界产生更加强烈的偏好(王雅青,2016)。

2.1.2.6 混乱物理环境对边界偏好的影响

研究表明,物理环境的特征会影响个体的思维和决策方式。混乱的物理环境使个体感觉自身能力的缺乏,已经对生活失去了控制,而有序的物理环境则产生了相反影响,提升个体控制感知(Bitner,1990;Chae & Zhu,2014)。因此,在混乱物理环境中的个体会试图通过一些选择来调整和改变,从而获得二次控制。而边界代表了秩序和结构的建立,因此,选择有边界的品牌标识符合个体的期望(杜伟宇等,2017)。

以上研究中大多使用控制需求作为解释机制。其中,主要存在两种研究视角,分别是补偿控制感的缺失和彰显自身的控制。例如,敬畏情绪、孤独感及混乱物理环境对边界偏好的影响,均是从"补偿缺失的控制感"这一角度来解释内在机制;而权力状态对边界偏好的影响则是从"彰显个体权力控制需求"这一角度来阐述内在机制。本书梳理的边界的前置变量主要涉及两类:对自身状态的感知以及对外在环境的感知,具体汇总如表2.1所示。

表 2.1　　　　　　　　　　边界的前置变量[a]

前置变量类型	内容	代表文献[b]
自身状态感知	由于个体感知到的自身在控制感、孤独感或权力状态上的差异,而产生的对边界设计的不同偏好	卡特赖特(Cutright,2012); 童璐琼(2015); 陈瑞、郑毓煌(2015)

续表

前置变量类型	内容	代表文献[b]
外部环境感知	由于个体感知到的来自外部环境的风险水平、混乱状态以及敬畏情绪的差异，而产生对边界设计的不同偏好	法哈多等（Fajardo et al., 2016）；曹菲、王霞（2018）；杜伟宇等（2017）

注：[a]资料来源：作者整理；[b]只列出代表性的论文。

2.1.3 边界的后置变量

由边界产生的结果主要是对个体的心理和行为的影响。这些结果变量主要集中在心理方面，包括距离感知、风险感知、多样性感知及心理污染等，但也包含部分的行为方面的结果变量，如信息处理方式、多样性寻求及克制行为。

2.1.3.1 心理层面的后果

边界对消费者心理产生的影响，具体研究内容如下。

（1）边界对感知距离的影响。边界对距离感知或记忆的影响主要是源于边界所具有的"引导起始"和"划分归属"的功能。首先，个体对"长度"或者"距离"的印象是通过移动眼睛沿着线条从起点到终点而获得的（Woodworth & Schlosberg, 1954），当线条被一些干扰物阻断、分割后，对线条的感知长度就增加了（Thorndyke, 1981；Tversky, 1981）。并且，通过对孩子和成人记忆判断的观察也得出了类似的结论，即如果在既定空间中添加边界，那么空间内两物体之间的距离会被感觉距离更远（Kosslyn et al., 1974）。因此，边界通过引导对目标对象进行观察的开始和结束，影响了对对象实际长度或距离的感知。其次，后续的研究发现，这种感知或记忆距离的扭曲也由于边界对原本属于同一集合的目标对象进行了分割，这种分割使得原本的目标对象被"分组"了，即被感知归属不同的类别之中，而在两目标对象实际距离相同的前提下，人们会对于同一组内的目标对象之间感知距离更近，而对分属不同组的目标对象之间感知距离更远（Allen, 1981；Coren & Girgus, 1980）。例如，研究人员发现，在地图上用线条（如国家区域边界线、经纬度等）对空间进行划分后，在同等距离的前提条件下，属于同一地理分类的两个地方之间的距离,相比于属于不同的地理分类的两个地方之间的距离,被感知更近了(Irmak et al.,2011)。并且,"划分"不一定使用有形边界,也可以使用无线边界,如采用"自我"与"非自我"的心理边界进行划分也可产生相同的效果,即相比于从一个国内地点到另一个国内地点的距离,从同一国内地点到另一个外国地点的距离通常会被高估,即使两组地点之间的实际距离是完全相同的(Burris & Branscombe,2005)。

(2)边界对感知风险水平的影响。边界使得人们对风险水平产生了错误估计。州或国家边界被认为是物理屏障,因此,当灾难在其他州或国家传播时,人们往往会低估灾难的危害性,而当灾难在个体所处州或国家内某个距离个体远的地方传播时,人们就不会低估风险了(Mishra & Mishra,2010)。并且,边界的亮度(即明亮相比于黑暗)、颜色(即红色相比于非红色)均会对人们的感知风险水平产生影响,即深色或者红色的边界会增加偏差;而亮色或者非红色的边界则会减少偏差。最后,如果边界两边均存在"危险"时,人们不愿选择边界周围的区域位置,反而选择冒险地靠近某一边的"危险",以避免同时暴露于两种危险的不确定性中(Gardiner,2015)。

(3)边界对分量感知的影响。人们对食物分量大小的感知受到了餐盘边缘(边界)的某些特征的影响。对于同等分量的食物,使用窄边缘的餐盘比使用宽边缘的餐盘让个体感知食物的分量更足,并且使用有颜色边缘的餐盘比使用无颜色边缘的餐盘同样也可让个体感知食物分量更充足,这种错觉称为"德勃夫大小错觉"(Delboeuf illusion)(McClain et al.,2014)。并且这种感知偏差还会影响后续个体的食用量,使得人们在较大边缘(即边缘更宽)的盘子或碗上过度食用食物,而在较小边缘(即边缘更窄)的盘子上食用量不足(Van Ittersum & Wansink,2012)。

(4)边界对心理污染的影响。心理污染是指消费者认为产品受到了另一种不好的负向来源的污染,从而对产品本身产生了不好的评价(Argo et al.,2008),例如,当消费者看到服务人员的手指头不小心碰触到了餐盘中的食物,从而产生了"食物已经被污染,不干净了"的心理(Argo et al.,2006)。这种心理污染表现在菜单设计上,就是一款菜品旁边展示着另一款不讨喜的菜品(如臭豆腐),那么消费者就会对前一款菜品也产生厌恶的心理。而在菜单上增加边界设计，分割这两种菜品就可以有效减弱这种由视觉带来的心理污染，即边界的设置减弱了心理污染（Hou et al.，2018）。

（5）边界对多样性感知的影响。边界可以系统地增加或减少个体感知多样性，变化的方向取决于边界所划分的具体内容以及个体的认知载荷，即在高认知载荷下，产品属性边界（即用边界划分各产品属性）会增加个体感知多样性；而产品项目边界（即用边界划分各产品）会减少个体感知多样性，而在低认知载荷下不具这样的效应（Wen & Lurie，2019）。原因在于视觉边界可以改变个体处理产品信息的方式。具体而言，产品属性边界会促使个体在各产品之间反复地对同一属性进行对比，然后对每个产品依次评价其各个属性（Mantel & Kardes，1999），这种对比会增加个体的对比心态，从而使产品之间感知差异化更大，因此，导致感知多样性；相反，产品项目边界会促使个体在类别内比较，评价产品时也会从一个整体的角度来同时评价该产品的全部属性指标（Bettman et al.，1993），从而产生个体的同化心态，最终导致更少的感知多样性。

（6）边界对产品性能感知的影响。研究表明，传达的信息只有被适当地编码才能更容易被人们所接受（Stern，1994），而边界作为一种线索可以引导人们对信息进行不同的合成处理，从而对产品的性能产生不同的感知。具体而言，相比于无边界框定的情况，当产品图与产品效果图被限定在一个同一个边框内时，一方面，边界减低了人们对嘈杂混乱的感知，对产品图与产品效果图从心理上产生确定性感知；另一方面，边界也使得产品图与效果图之间的相互联系增强，让人们更多地感知到它们之间的匹配性（Sharma & Monahan，2019）。最终，良好的匹配性感知外溢成为个体对产品性能的积极评价（Hernandez et al.，2015）。

2.1.3.2 行为层面的后果

边界对消费者行为产生的影响，具体研究内容如下。

（1）边界对克制行为的影响。研究发现，边界设计可以抑制冲突识别，进而影响个体的克制行为。当个体面临诱惑时，查看到无网格设计的日历比查看到有网格（即有边界）设计的日历，使个体消耗更少的诱惑物，实现了更好的克制行为（Myrseth & Fishbach，2009）。因为有网格设计的日历强调了各个日期之间是被分隔开的，是独立的，并且个体感知一次性的放纵成本是可以忽略不计的,虽然长期的放纵成本是会带来更大危害(Fishbach & Zhang,2008),因此,有网格设计的日历突出了"分隔",反而让个体无法很好地警觉冲突(Myrseth et al.,2009)。

(2)边界对信息处理方式选择的影响。物理空间中的边界(如墙体、天花板、过道等)会对人的行为产生影响。以往的研究指出,空间的构建可以传达不同的语义关联,例如,小而封闭的空间传达"禁止"或"限制"的概念;而大的空间则传达"自由"和"开放"的概念(Hall & Hall,1966)。研究人员还发现,低的天花板可以促进安静或受限制的活动,而高的天花板可以促进更活跃、自由的活动(Moore et al.,1996)。因此,身处天花板较高的环境中,个体感知自身远离边界,导致个体在心理上产生"自由"的概念,从而更大概率地采用关系型信息加工处理模式(relational processing);相应地,身处天花板较低的环境中,个体感知自身靠近边界,导致个体在心理上产生"限制"的概念,从而更大概率地采用项目特异型信息加工处理模式(item-specific processing)(Meyers–Levy & Zhu,2007)。

(3)边界对多样性寻求行为的影响。物理空间中的边界会影响个体多样性寻求行为。研究发现,相比于宽阔的物理空间(即弱的边界存在感),狭窄的物理空间(即强的边界存在感)更可能激活个体的约束感,个体感知到个人自由受到了威胁,而"获得不同的、多样化的选择"是作为"自由"的一种表达(Kim & Drolet,2003,2009),因此,相比处于宽的物理空间的个体,处于窄的物理空间的个体更多地表现出为抵抗约束感而产生的寻求多样化行为(Levav & Zhu,2009)。

(4)边界对品牌延伸的影响。个体的心理边界,让他们建立一套更为狭窄的认知界限,这些界限也表现为个体对品牌所属空间的限定,减低了对品牌的可塑性的预估,即认为品牌目前的定位是相对稳固的,跨度较大的品牌扩张都是不合适的(Cutright et al.,2013)。因此,当品牌向其他领域扩张时,有心理边界的人们会抵制这种"不合适"的扩张。另外,除了无形心理边界对品牌扩张有影响,有形边界也具有类似的结论,只是解释的角度转向由信息处理方式不同而导致的差异,即当个体接触有边界的品牌标识时,启动了个体的项目特异性加工模式,因此,抵制品牌延伸至类别差异大的领域(Chen & Bei,2019)。

(5)边界对坚持行为的影响。边界存在的一个最直观的功能在于划分

"内"与"外",无论是对单纯的组织系统还是对人本身而言均是如此。对人本身而言,人会区分"自我"与"非自我"、"朋友"与"敌人"、"自己的"与"别人的",往往"自己的"与"朋友"也是归为自我边界的内部(Burris & Rempel,2004)。同样地,对组织系统而言也是如此,也有"系统内"与"系统外"之分。而一些虚拟边界,如在等候队列两边拉起的小栅栏,恰恰充当了环境线索,让个体有效地感知到自己是归属于系统内或外,当个体感知自己已经进入系统内时,启动了其执行思维模式(implemental mind-set),并表现为对行为开始的直接增加,即个体会更多地直接开始某项行为,以及对已执行任务的坚持行为,即个体会更加坚持地执行该行为任务(Zhao,Lee,et al.,2012)。

综上所述,边界的后置变量主要涉及两类:心理层面的结果变量及行为层面的结果变量,汇总如表2.2所示。

表2.2 边界的后置变量[a]

后置变量类型	内容	代表文献[b]
心理层面	边界会对个体的感知距离和感知产品性能产生正向作用;但对风险水平和产品之间的心理污染程度产生负向作用;并且边界限定对象的特征也会造成个体在感知多样性上的差异	Thorndyke(1981); Burris and Branscombe(2005); Mishra and Mishra(2010); Hou et al.(2018); Wen and Lurie(2019); Hernandez et al.(2015)
行为层面	边界会减少个体的克制行为、对品牌延伸的接受程度;但会增加个体的多样性寻求行为和对执行中任务的坚持行为;并且边界也影响个体对不同信息处理方式的选择	Myrseth et al.(2009); Meyers – Levy and Zhu(2007); Levav and Zhu(2009); Chen and Bei(2019); Zhao,Lee,et al.(2012)

注:[a] 资料来源:作者整理;[b] 只列出代表性的论文。

2.1.4 边界产生作用的解释机制

综合对边界前因和后置变量的研究梳理,可发现现有研究主要从三个角度来解释边界所产生的影响,包括同化(vs. 异化)、独立(vs. 相关)、约束(vs. 自由)。

2.1.4.1 从同化（vs. 异化）的角度解释

这类研究中指出，边界是对空间或事物进行划分，确定归属（Cutright，2012），因此，在边界内部的事物被感知为同一类别或组别，而边界内部事物与边界之外的事物则被感知为不同的类别（Coren & Girgus，1980）。并且同一类别中的事物被感知更相似，从而对感知距离、感知风险水平和感知多样性产生影响。另外，边界的宽窄程度也影响个体对事物的相似性感知，即窄边界让边界内的事物与边界本身具有更高的感知相似性，而宽边界则相反，最终对事物大小的感知产生影响（McClain et al.，2014；Van Ittersum & Wansink，2012）。

2.1.4.2 从独立（vs. 相关）的角度解释

这类研究中提出被边界划分的事物之间被感知是"分隔""独立""不相关"的，从而在心理上产生了心理关闭（Gu et al.，2013），并最终对个体的心理污染起到减缓的作用（Hou et al.，2018）。另外，对事物的分隔而产生的"不相关""独立"的认识，也会让个体将其一系列行为产生的后果视为是相互独立的，而非连续作用的结果，从而导致他们低估了行为后果的危害性（Myrseth & Fishbach，2009）。

2.1.4.3 从约束（vs. 自由）的角度解释

这类研究中指出，边界代表着"停止""关闭"，从而与"限制""约束"产生了语义关联，因此，边界的存在感越强，越让个体受到约束感的侵入，感受到失去自由的危险，最终个体要么被动地改变自身处理信息的方式（Meyers-Levy & Zhu，2007），要么通过寻求多样性来主动反抗这种约束感入侵（Levav & Zhu，2009）。

2.2 视觉注意力的相关研究

作为一种认知资源，视觉注意力通常被概念化为一种大脑操作，它产生在信息处理中的局部优先权，注意力窗（attentional window）或注意力聚焦

(spotlight) 可以局部地提升信息处理速度并降低信息处理的阈值（Deubel & Schneider, 1993; Rosbergen et al., 1997）。

2.2.1 基于空间的视觉注意力与基于对象的视觉注意力

米什金等（Mishkin et al., 1983）在对灵长类大脑损伤的研究中发现，视觉系统存在两条通路，它们从刺激物中提取了关于"是什么（what）"和"在哪里（where）"的信息，并参与相关的信息处理。腹侧通路连接纹状体、前纹状体和下颞区，处理对象的静态特征，使对对象的视觉识别成为可能。而背侧通路连接纹状体、前纹状体和后顶叶区，对对象的视觉位置信息进行处理。两大通路的发现为后续涉及物体和空间感知的视觉注意力研究奠定了基础。

基于空间的注意力（space-based attention）理论倡导者指出，注意力就像聚光灯一样，会照亮空间的某个区域，注意力选择的连续空间区域是有限的，落在该区域内的对象会被处理，而落在区域外部的对象则不会被处理，因此，它与所包含的物体对象无关而与物体对象位置有关（Eriksen & James, 1986; Logan, 1996; Posner, 1980; Treisman & Gelade, 1980）。这类研究指出，在一定条件下，注意力系统资源似乎可以均匀地分布在展示对象上，并对展示对象上的项目进行并行处理；而在另一些条件下，对展示对象的聚焦和系列扫描则会发生（Eriksen & James, 1986; Shiffrin & Gardner, 1972; Shiffrin & Geisler, 1973）。另外，通过预提示线索，注意力可以更快速地集中、定位到特定的位置上（Eriksen & James, 1986）。在此基础上，乔尼德斯（Jonides, 1983）提出了注意力分布的双过程模型，在一种模式下，注意力分布在所有可能的位置，并行搜索目标，而在另一种模式下，个体选择将注意力集中在预提示线索设定的位置上，从而在该位置上对目标进行更快速的处理。而伊里克森和叶赫（Eriksen and Yeh, 1985）则指出，这两种处理模式是注意力连续分布上的两个极点。

基于对象的注意力（object-based attention）理论倡导者指出，注意力选择的是对象而不是空间区域，而空间之所以被关注是因为对象占据了该区域，由于注意力资源是有限的，因此，在同一时刻可以被关注到的对象的数量也是有限的（Kahneman & Henik, 1992; Kahneman et al., 1992）。该观点是从感知加工的角度出发，将目标对象作为一个整体来处理。支持基于对象的注意力理论的实证证据主要有两个来源：首先，个体很难去忽视与目标信息属于同一对象或者同一组群的干扰信息（Baylis & Driver，1992；Kramer & Jacobson，1991）；其次，个体很难同时关注不同的对象（Baylis & Driver，1993；Duncan，1984）。该理论的关键是对"对象"的定义（Logan，1996），有些学者主张通过直觉进行划分，评价对象"可以成为对象"的好坏等级（Kramer & Jacobson，1991）；而另一些学者则主张使用格式塔分组原则，如相似性、相近性、共同命运、空间连续性等来定义对象（Kahneman et al.，1992；Prinzmetal，1981；Kahneman & Henik，1977）。虽然缺乏统一的定义，但目前多数学者认同"对象是层级结构"的这一观点，即对象可以分解为多个部分，每个部分也可以看作一个对象，并且在感知对象时个体会采用位置层级编码过程（Baylis & Driver，1993）。

2.2.2 刺激驱动的视觉注意力与目标驱动的视觉注意力

以往的研究从驱动视觉注意力分布的信息源，即来自外部刺激还是来自内部目标或动机，进行分类。将其分为刺激驱动视觉注意力（stimulus-driven）与目标驱动视觉注意力（goal-driven）。刺激驱动的视觉注意力采用自下而上的控制模式，主要是由刺激物特征主导的注意力选择（Egeth & Yantis，1997；Theeuwes，1993；Yantis，2000）。在该驱动模式下，当视觉领域中出现显著的非目标刺激，那么会强烈地干扰个体对目标刺激物的搜索（Theeuwes et al.，2000）。因此，注意力分布最终决定于刺激物的显著性。并且支持该观点的学者认为，目标驱动虽然会发生，但往往发生在注意力已经被显著刺激捕捉之后，也就是说，目标驱动过程依赖于刺激物驱动过程（Theeuwes，1992）。

在目标驱动的视觉注意力理论中，学者们认为，目标驱动的视觉注意力采用自上而下的控制模式，注意力选择首先是由个体的目标主导的。在该驱动模式下，高显著性的刺激物并不会自动捕捉注意力，而是当它们符合特定的目标设定时才会促使注意力转移到它们身上（Müller & Rabbitt，1989；Folk & Remington，1998；Bacon & Egeth，1994）。并且在个体拥有一个既定目标的情况下，作为无关的干扰物，能否起到分散个体注意力的作用还取决于个体采取的搜索模式，只有当个体采用单元素探查模式（singleton detection mode）而非特征探查模式（feature detection mode）时，无关干扰物才能影响个体的视觉注意力。这里，单元素探查模式指的是通过识别与背景不同的元素来实现的探查；而特征探查模式指的是通过监测某一具体的特征来实现的探查（Bacon & Egeth，1994）。

综上所述，刺激物驱动模式认为，最初视觉注意力的选择对特征识别是盲目的，主要是由刺激的显著性驱动；而目标驱动模式则认为，视觉注意力选择主要是基于有目的的特征识别，可以是某一特征维度，也可以是某一特征值。但是这里存在一个争论的关键点，即两种模式或者说两种过程是否相互依赖，谁是主导。根据刺激驱动模式的理论观点，刺激驱动先于目标驱动，个体的目标和动机只是用来决定一个被刺激驱动首先选中的对象是否继续被选择还是被抛弃。而根据目标驱动模式的理论观点，视觉选择取决于目标或动机的设置，只有当刺激物符合目标或动机时，才会被选择，而无论该刺激物有多显著，也就是说刺激驱动依赖于目标控制。为了解决这个争论，有学者研究提出，刺激驱动与目标驱动是两个独立的处理，它们在不同的时间窗中运行，而最终的注意力选择是这两个过程的结果（van Zoest & Donk，2004）。时间点是决定"视觉选择主要由刺激还是由目标决定"的关键。具体地，在视觉处理的早期，视觉选择主要由刺激决定，表现为快速的眼跳活动；而在后期，视觉选择是由目标和动机决定的，表现为慢速的眼跳活动（van Zoest et al.，2004）。刺激驱动不仅持续的时间比目标驱动更短，而且产生效果更快（Godijn & Theeuwes，2002）。

2.2.3 显性注意力与隐性注意力

视觉注意是神经系统用来强调视野中特定的位置、对象或特征的机制。从视觉神经系统的角度分析，视觉注意力可分为显性注意（overt attention）和隐性注意（covert attention）（Bisley，2011）。视觉注意力对某对象的关注，即可以通过眼球运动将对象带入中央凹来实现，这是一种公开模式；也可以通过使视网膜神经元表征出更多地被选定的视野边缘信息，从而增加视觉信息处理来实现，这是一种隐蔽模式。前者带有明显的眼跳活动，而后者并未带有眼跳运动（Bisley，2011；Posner，1980）。

值得注意的是，通过对猴子和人类神经系统的研究发现，引导显性注意和隐性注意分布的神经元收敛于同一套神经网络，涉及大脑顶叶区、额叶区和上丘区（Bisley，2011）。其中主要参与引导注意力分布的是：顶叶区的侧顶叶区、额叶区的额叶视区及上丘区。这些区域彼此相互联系，并且与视觉皮层相连（Stanton et al.，1995）。研究发现，当个体被要求在不移动眼睛的情况下视觉搜索，将注意力移动到一系列的物体上并找到目标物的这类实验中，个体大脑的侧顶叶区、额叶视区以及上丘区中存在于隐性注意转移相关的活动（Buschman & Miller，2007，2009；Ipata et al.，2009；Juan et al.，2004；McPeek & Keller，2002b；Thomas & Paré，2007；Thompson et al.，2005），证明了这些神经结构引导了隐性注意转移。并且这些神经结构均参与了眼动过程，系统神经元一旦选中了目标，它就会告诉眼动神经系统（oculomotor system）应该瞄准什么，接下来眼动系统就会产生眼跳。这种眼跳目标选择和眼跳活动启动的关系可以在侧顶叶区、额叶视区以及上丘区的活跃表现中发现（Bichot et al.，2001；Ipata et al.，2006；McPeek & Keller，2002a；Sato et al.，2001；K. Shen & Paré，2007），即它们也引导了显性注意转移。

虽然隐性和显性注意分布引导关联同一神经网络，但是对神经系统的激活程度是有差异的。随着注意力转移率的增加，视神经网络的反应度也会增加，但显性视觉转移比隐性视觉转移能引起更活跃的神经活动，这也反应了因"眼跳"而带来的额外神经活动（Beauchamp et al.，2001）。虽然如此，隐性注意力却能提供更多的行为收益，当个体关注某一特定位置时，对该位置上的刺激物个体拥有更高的对比敏感度和空间分辨率（Cameron et al.，2002；Yeshurun & Carrasco，1999）。无论显性或隐性注意都可以被反射性（reflexive）或自愿地（voluntarily）分配，其中反射性分配或转移经历一个自下而上的过程；而自愿分配或转移则是一个自上而下的过程（Hunt & Kingstone，2003）。

2.2.4 选择性视觉注意机制

以往的研究采用"画笔"隐喻来讨论注意过程，认为视觉注意力依赖于一组画笔，画笔就是神经元，这些画笔试图将刺激物在画布上描绘出来，画布即视觉皮层（Janiszewski et al.，2013）。当刺激物或视觉环境复杂时，没有足够的画笔可以描绘所有的细节，因此，只能有所选择地绘制，有些特定的位置被精细地绘制了，而有些位置则被粗略地绘制（Kristjánsson，2006）。注意力作为一种认知资源，它可以加快画笔在某些区域描绘的速度从而增加细节，这称为神经兴奋；但与此同时，它也减缓了画笔在另外一些领域的描绘速度，这称为神经抑制（Janiszewski et al.，2013）。因此，人们在复杂的视觉环境中，总是"看到这个而没看到那个"。

注意力的偏差竞争模型认为，注意力定位具体的目标刺激物，是通过增加与目标刺激物特征相关的视觉皮层神经元放电率，以及减少非目标刺激物特征相关的视觉皮层神经元放电率来实现的（Desimone & Duncan，1995）。该模型考虑的是在同时呈现两个以上的对象时，对象们对注意力资源的竞争。它涉及以下几个方面的内容。首先，视觉皮层在任何时刻处理的信息量都是有限的，原因在于输入信息沿着两条通路（腹侧与背侧）传输时，会经历神经元感受域，"感受域"被视为一种资源，虽然感受域是可以被放大的，但范围却有限，因此，并行处理过多对象，会导致每个对象所能获得的感受域是有限的。其次，启动神经元放电的来源包括：自下而上的外部刺激，它们通过显著性来获取关注，在环境中越突出的对象获得越多的关注；自上而下的内部动机，它们通过"相关性"或"相似性"获得关注，即与当前行为更为相关，或者与当下动机更为契合的对象，获得更多的关注。再次，当参与竞争的对象越多，神经元的抑制或兴奋效应就越强，因为将一个对象从一群对象中独立出来，单独感知是较为困难的，特别是这些对象十分接近时（Cutzu & Tsotsos，2003；Luck et al.，1997；Stanton et al.，1995）。最后，注意系统可以学习到这种神经抑制或增强，也就是学会对特定对象的关注和对其余对象的忽视，并影响后续的注意过程（O'Craven et al.，1999）。同样地，行为学研究结果也有类似的结论，例如，当个体分散注意力给两个对象时，总是比专注于一个对象时导致更差的表现（Bonnel et al.，1992；Duncan，1984）；或者，顺序显示两个对象，之间间隔约为 1 秒，则两个对象的相互干扰也会减缓（Duncan，1980）。

2.2.5 文本阅读与图片浏览过程中的注意力转移

眼动过程有两个基本组成部分：眼跳（运动本身）和注视（眼睛保持

相对静止，并从视野中获得新信息）(Jiang et al., 2014; Pieters & Warlop, 1999)。正常情况下，视觉在扫视过程中被抑制，新信息只能在注视期间被获得。实现注意力转移的眼动是必要的，这是由于在视网膜中央凹以外的视觉信息捕捉的敏锐度是有限的。在视网膜上，视区可分为中央凹区（foveal region）、中央凹旁区（parafoveal region）和周边区（peripheral region），中央凹区的视觉敏锐度最高，其次是中央凹旁区及周边区，处于后两者上的信息是模糊的、粗糙的（Rayner, 2009）。但来自中央凹旁区及周边区的信息对引导眼动十分重要（Rayner, 1978）。

在文本阅读中，除了眼跳和注视，还包括一个重要组成部分——回归（regression），这是一种移回文本的眼跳，不同于"回扫（sweeps）"（Rayner, 2009）。由于个体在阅读时眼跳沿着文本方向向前移动，极有可能超过它们原本应该再次启动的点，此时它需要回到原来的起点，这个起点往往就是前一个词（Rayner, 1978）。事实上，当文本不好理解时，"回归"出现得更频繁（Rayner et al., 2006; Slattery & Rayner, 2009）。因此，正常阅读时眼跳的方向是从左到右，而回归则是一个从右到左的过程。在正常的英语系统阅读中，个体的平均注视时长为 225~250 毫秒，平均眼跳幅度约为 2°（7~9 个字母长度），而"回归"占阅读整体时间的 10%~15%。个体可以从一个不对称的感知域中获得有用的信息，这个区域从注视点向左延伸 3~4 个字符，向右延伸 14~15 个字符，也就是说，个体在阅读时主要是从右侧获取信息的（Rayner, 1978, 2009）。

在图片浏览中，个体平均注视时长为 300~350 毫秒，平均眼跳幅度为 4°~5°，并且这些指标值随着不同任务和图片特征会发生较大范围的改变（Antes, 1974; Yarbus, 2013）。可以看出，在图片浏览时，个体的注视时长更长，眼跳幅度更大。与阅读相比，图片浏览是一个更具探索性的过程，因为信息在新图片中的位置一开始就不确定。具体体现在：首先，在文本阅读中，文本是以水平线呈现的，因此，个体对于"从哪开始"注视，有更好的先验概念，而图片感知中信息是更加直接的视觉类型，无须像文字一样再次加工理解，因此，个体可以更快地辨别出图片中哪些区域的信息量更高或者更加有趣、重要，而个体更倾向于将眼睛集中在信息量高、新奇的区域（Mackworth & Morandi, 1967; Rayner, 1978）。其次，相对于文本阅读，图片浏览时个体会更多地使用中央凹旁区和周边区的信息，而这些外围信息具有引导眼动位置的功能，更大范围的外围信息意味着其引导的"下一步"眼跳位置更难预测了（Rayner，1978）。虽然对图片的浏览、识别是一个更加复杂的过程，但学者们认为，对注视模式的处理其实是一个采用注视顺序策略的串行处理，即扫描路径（scanpath），该注视顺序策略在学习和识别过程中被用于提取信息（Locher & Nodine，1974；Noton & Stark，1971b）。基于这样的假设，学者们认为，在训练实验中，即个体对同一对象重复浏览观察，该个体的几次重复的注视顺序是相似的（Noton & Stark，1971a，1971b）。

2.3 感知数量的相关研究

数量信息类似于颜色、气味等知觉信息，可以被个体通过感知系统获取。并且在日常生活中，人们也总是需要对数量信息作出判断，如排队过程中对等候时间的估计，在购买商品中对水果大小、饮料容量、糖果数量多少的判断，等等。因此，学者们对感知数量进行了大量的研究，而这些研究分为三个主要方面，即对距离长度（distance/length）的感知、对容量（volume/area）的感知以及对单位数量（numberity）的感知（R. Cohen & Weatherford，1980；Frayman & Dawson，1981；Ginsburg，1980；Wedel & Pieters，2007）。随着研究的深入，研究人员将以上三个方面进行了概念范畴的统一，即认为距离、容量以及单位数量的估计同属于感知数量范畴，并探讨个体在作出数量估计时可能产生的知觉偏差，以及后续对个体行为的影响。

2.3.1 对距离的感知

以往对距离感知的研究指出，影响距离感知的前导因素主要有三个，包括空间杂波（cluttering）、分类（categorization）、方向（orientation）。

首先，路径中的空间特征会影响个体对距离的感知。而以往研究中提及最多的是空间杂波。所谓空间杂波，是指某些空间特征的干扰，如线条中的干扰点、转折点、交叉、阻碍等影响因素的存在，而这些干扰的存在往往会引起个体对距离的感知偏差（Allen et al., 1978; Byrne, 1979; Sadalla & Staplin, 1980; Thorndyke, 1981; Wedel & Pieters, 2007）。例如，个体判断两点之间路线的距离会随着其间出现的干扰点的增加而增加（Thorndyke, 1981）。类似地，这种对路线距离的高估也会随着其间出现的交叉、转折的增加而增加（Allen et al., 1978; Sadalla & Magel, 1980; Sadalla & Staplin, 1980）。甚至于无须改变路线本身，而仅仅通过增加路线中的标志物或者障碍物，就可以提高个体对路线距离的感知长度（Allen et al., 1978; R. Cohen & Weatherford, 1980; Kosslyn et al., 1974）。对于这种影响的解释，以往的研究提出了以下三种观点：第一，信息存储模型。该观点指出，个体在进行距离判断时会依靠构建的认知地图，而认知地图的构建则是基于空间的属性特征，属性特征越多，路线的心理表征就越复杂，因此，个人会将这种认知困难归因于路径更长（Sadalla & Magel, 1980）。第二，比例假设。戴诺夫等（Dainoff et al., 1974）提出，长的距离相比于短的距离总是被低估，因此，当原始的路线距离（A）"被标注"或"被划分"为两小段（A_1 & A_2）时，两小段（A_1 & A_2）的距离估计值之和往往会大于原始路线距离（A）的估计值。换而言之，对原始路线进行分割为小段路线，可以降低小段路线被低估的程度，从而总体上降低小段路线之和被低估的程度。第三，桑戴克（Thorndyke, 1981）的拟定时模型。根据该模型，个体在一开始扫描某一路径时，就会激活个体内在的一个计时器，直至扫描结束，计时器停止计时，个体通过内在计时器的计时时长来评估路径的长度，因此，当路径上出现如"干扰"或"标注"等空间特征时，个体需要花费更多的时间来处理该信息，但此时内在计时器不会停止计时，最终导致对路径的感知距离更长。

其次，除路径中的空间特征外，路径端点的特征，如端点对象的分类，也会影响人们对端点之间距离的判断（Allen & Kirasic, 1985; McNamara, 1986）。例如，在艾伦和基拉西克（Allen and Kirasic, 1985）的实验中，人们被要求观察展示的路线地图，其中包括两个出发地点和一个目标地点。当三个地点均分布在同一路径区域中时，个体可以很准确地判断出哪个出发点距离目标地点更近；但是，当实际距离目标地点较更远的出发地点被分配到不同的路径区域中时，它反而被感知距离目标地点远于另一个出发点了。类似地，伯瑞斯和布兰斯科姆（Burris and Branscombe, 2005）发现，人们总是低估实际距离远，但在同一分类中的对象之间的距离；相反地，人们总是高估实际距离近，但分别出于不同类别中的对象之间的距离。虽然多伦多到华盛顿的距离近于迈阿密到华盛顿，但因为迈阿密与华盛顿属于同一区域类别——美国境内，而多伦多属于不同的区域类别——美国境外，因此，对美国人而言，前者会被感知远于后者。

最后，路径方向也是影响距离感知的重要因素。研究人员设置了"L"型和倒"T"型两种距离估计测验，以验证水平—垂直方向错觉（horizontal-vertical illusion）（Vishton et al.，1999）。在"L"型距离估计实验中，在一张类似A4纸的矩形图形中，矩形的两边（长和宽）分别被画上线条，然后对图片进行90°旋转，使得原来长边上的线条由垂直方向转向水平方向，而宽边上的线条由水平转向垂直；同样的，在倒"T"型距离估计实验中，将"L"型实验中长边缘上的线条往中间偏移，使得两个线条呈现倒"T"型的状态。类似地，对图片进行90°旋转，从而调整了线条的方向。研究结论表明，无论是在"L"型或是在倒"T"型实验中，个体均报告一致的结果，即对于同一线条，其在垂直呈现状态中比在水平呈现状态中被感知更长（Brosvic & Cohen，1988；Finger & Spelt，1947）。

2.3.2 对容量的感知

影响容量感知的因素主要是物体的形状。在此类研究中，研究人员探讨了以保持实际容量不变为前提，由物体形状的改变而导致人们对其容量感知产生的偏差（Frayman & Dawson，1981；Holmberg，1975；Krider et al.，2001；Piaget et al.，2013）。对于形状效应的研究可能发生在同一形状类别中，产生同类别的对比，如对比面积相同却拥有不同长宽的矩形；也可能发生在不同形状类别中，产生非同类别的对比，如体积相同的圆柱体和长方体。但无论是同类别或非同类别之间的容量比较，均涉及面积感知和体积感知两个主要的方面。

首先，对于面积感知的研究。以往研究指出，即使实际面积相同，但以不同的形状来呈现，也会造成个体感知面积上的偏差，而个体在进行面积感知时主要是基于显著维度的心理模型，个体倾向于使用最显著的维度作为线索来判断对象面积的整体情况，以简化信息处理流程（Chandon & Ordabayeva，2009；Ordabayeva & Chandon，2016；Raghubir & Krishna，1999）。

例如，研究人员发现，面积保持相同时，三角形被认为比正方形或圆形拥有更大的面积，而正方形则被认为比圆形拥有更大的面积。并且对规则形状，如正四边形、正六边形、正八边形等，随着边数的增加，其面积就越被低估，即实际面积与估计面积之间的差额越大（Krider et al., 2001）。以上研究结果说明，个体通过单一显著维度来推测对象面积。而单一维度越显著，则对象越被高估面积值。类似地，在克里德等（Krider et al., 2001）的田野实验中发现类似的结论，相同容量的芝士百吉饼，圆形包装比矩形包装被认为包含更少的内容物数量，原因在于个体在两种包装之间的对比，基于显著的单一维度，在圆形包装中显著单一维度是"直径"，而在矩形包装中显著单一维度是"长"。此外，以往的研究中也指出了其他影响个体感知面积差异的原因，如参照物的使用。德勃夫视觉错觉（Delboeuf illusion）就是由于使用了同心圆作为参照物，导致对比或同化效应，最终造成感知面积偏差。具体而言，在中心圆的外围增加同心圆，当新增的外围同心圆较小时，个体会对两个圆进行同化处理；而当新增的外围同心圆较大时，个体则会对两个圆进行对比处理，最终导致中心圆在前一种情况中比在后一种情况中被认为具有更大的面积（McClain et al., 2014；Van Ittersum & Wansink, 2012）。

其次，对于体积感知的研究。最早发展的是中心假说（centration hypothesis），即个体倾向于使用高度来判断目标物体的体积。研究人员对儿童展示了有色液体从一个高圆柱体倒向另一个短而粗的圆柱体内的过程，导致孩子们相信有色液体变少了（Piaget et al., 2013）。与此同时，霍姆伯格（Holmberg, 1975）提出了延伸假说（elongation hypothesis），认为物体的高宽比（高宽比 = 高度/宽度）越大，物体的体积就越被高估。皮尔森（Pearson, 1964）和贝恩等（Been et al., 1964）在实验中证明，体积相等的两个圆柱体，一个通过减少高度，一个通过减少底面直径，将圆柱体"缩小"为体积相同的"新"的圆柱体，那么相比于通过减少底面直径，通过高度减少而获得的新圆柱体被感知更小。在长方体上也存在同样的延伸效应，研究人员发现，对一个长方体的三个维度都进行拉伸使其体积增长，相比于只对长方体的高度进行拉伸使其体积增长至相同的程度，后者由于单维度拉伸导致更高的高宽比，因此，比前者产生更高的感知体积增长（Chandon & Ordabayeva, 2009）。但是，拉伸假说在涉及不同类别之间的比较时就失效了。例如，在体积一致的情况下，即使圆柱体拥有更高的高度，但仍然被感知比长方体容量小（Holmberg，1975）。类似地，以体积保持一致为前提，感知体积大小的顺序为：圆柱体大于球体，而球体大于立方体（Frayman & Dawson，1981）。这些结果似乎证明，物体的总体轮廓越长，则会被感知越大。近年来，随着对产品包装领域的深入研究，一些新的影响个体体积/容量感知的因素也被发掘，例如，色彩饱和度、包装形状的完整性、产品形状的新奇程度等。哈格特维特和布拉塞尔（Hagtvedt and Brasel，2017）发现，拥有高色彩饱和度的产品被感知拥有更高的容量，原因在于高色彩饱和度吸引了消费者更多的注意力，因此，消费者将"吸引注意力"错误地归因于"容量大"。而塞维利亚和卡恩（Sevilla and Kahn，2014）发现，拥有完整形状的奶酪比形状有缺失的奶酪，前者被感知容量更大，原因在于消费者启动了完整型启发式来评估物体体积，所谓"完整型"指的是物体被认为是一个统一完整的对象，而个体根据以往的经验认知则认为拼凑成完整对象的单位一定具有最大数量。

2.3.3 对单位数的感知

研究指出，个体对数量信息的感知主要通过以下三种方式，包括数字直觉（subitization）、计数（counting）以及近似系统（approximations）（Mandler & Shebo，1982；Piazza et al.，2004）。一般来说，当集合中单位的数量较小时，较常使用数字直觉和计数；而当集合中单位数量较大时，计数方式虽然可以使用，但消耗过多资源，因此，个体倾向于使用近似系统进行估计。

首先，个体拥有数字直觉，对低于6单位的对象可以准确地、快速地判断出它们的数量。但是，这种数字直觉在超过6个单位的对象上则失灵了，并且随着单位数量的增加，个体依靠数值直觉进行数量估计而产生的偏差会越来越大（Kaufman et al.，1949；Mandler & Shebo，1982）。其次，个体可以依靠枚举的方式，在每个单位上顺序运行计数，从而获取数量信息。很明显，理论上这种方式可以较为准确地量化任何单位集合对象，但是当集合中单位数量变大时，个体需要消耗大量的时间用于量化（Redden & Hoch，2009）。

近似系统的使用是个体对数量信息感知的主要方式（Allik & Tuulmets，

1991; Dehaene, 1992)。原因在于：一方面，目标对象内容物的数量普遍多于可以被直觉准确捕捉的范围，个体往往很难一眼看出一个盘子中装着的糖果的确切数量；另一方面，个体也缺乏以计数的方式获取数量信息的"精力"和"耐性"。因此，个体倾向于自发启动近似系统。这种原始的专门用于估算数量的感知系统，对数量信息的感知类似于对质量、亮度、重量等信息的感知（Dehaene, 1992, 2011），只需要100~200毫秒，个体付出较少的精力就可以注意到对象之间约17%的数量差异（Mandler & Shebo, 1982; Piazza et al., 2004）。值得注意的是，通过近似系统获得数量信息需要依据一定的环境"线索"，包括排布方式、多样性程度、参照物等。这些线索成为影响消费者感知数量的主要影响因素。并且，数量估计过程中个体所持有的目标，如对速度或精确度的追求，也会影响数量估计的偏差。具体地，相比于以速度为目标，当个体以精确度为目标对数量进行估计时，由于单位数量增加而导致的偏差增大的效应被控制，即偏差更小了（Kaufman et al., 1949）。

集合对象中各单位的排布方式是个体近似估计依据的重要线索（Wolters et al., 1987）。最初，研究人员发现，对相同数量的"点"进行不同的排布，如排成线型、圆圈型、矩阵型或随机散乱型，会导致个体对"点"的数量产生不同的估计偏差。具体地，排成线型或排成矩阵型时，个体数量感知产生的偏差较小，而排除成圈型或随机型时，产生的偏差较大（Beckwith & Restle, 1966）。可见，越是排布规整越可能提供准确的线索，便于个体通过知觉感知数量信息。重要的是，随着单位数量的增加，个体对排布方式的依赖会加强。例如，当人们看到的是一堵墙面而非一堆砖块时，个体更容易推断出砖块数量，因为墙体以既定的排布方式展示了各砖块。以往对于"棋子错觉（solitaire illusion）"和"随机错觉（regular-random illusion）"的研究，也在一定程度上印证了通过排布方式推断数量信息的假设。在棋子错觉中，黑色棋子和白色棋子是具有相同的数量，但相比于白色棋子，黑色棋子的排布形成了一个明显的整体轮廓，具有清晰的边界，更容易使个人通过整体轮廓线索去估计数量，因此，黑色棋子被感知比白色棋子多（Frith & Frith, 1972）。而在随机错觉中，个体估计有规律排列的点比随机排列的点具有更高的数量，这是因为有规律排布的点看起来像一个巨大的正方形，占据了整个空间，整体面积更大更突出，从而增加了感知数量

(Ginsburg, 1978, 1980)。此外，排布间隔的大小也会影响感知数量，例如，当各单位糖果的排布间隔较大时，全部糖果的整体呈现面积变大，导致儿童倾向于认为该集合中糖果总数具有更高的数值（Piaget, 1968）。基于以上研究，单位的排布方式对个体的感知数量产生重要影响。

除排布方式外，近年来对消费者感知数量的研究中也发现了其他影响因素，如单位对象的多样性以及参照线索。直觉上人们总是将多样性和感知数量正向相关联，因为似乎有理由相信提高多样性的程度必须以增加数量为前提条件，但研究人员发现，既定的单位数量，以多样化形式呈现比以单一形式呈现，个体感知到更低的数量（Redden & Hoch, 2009）。另外，外部参照物也会通过锚定效应对内容物的数量感知产生作用。例如，产品外包装的图示上呈现的产品数量，如图片中的饼干数量越多，那么个体也会锚定地认为内容物，如包装袋内部的实际饼干数量也会有高的数值（Madzharov & Block, 2010）。

2.3.4 感知数量影响的消费者行为

在营销领域，研究人员重点探讨了感知数量对消费者偏好、选择、实际消费数量及购后满意等因素的影响。

首先，在"排队"相关研究结论证明了等候人员数感知影响了消费者的选择及满意度。周和索玛（Zhou and Soman, 2003）的研究表明，通过"取号"，使队列的"呈现"方式更为线性，可以有效减少消费者估计他们将接受服务的等候时间，从而提高他们在等待过程中的满意度（Carmon, 1991）。而在路径选择的相关研究中，研究人员消费者对路线的选择不仅受到实际距离，也受到个体感知距离的影响，消费者往往将目的地位置及各路径在自身的认知地图上进行构建，通过评估各路径的感知距离作为实际选择的依据（Brooks et al., 2004; Haines Jr et al., 1972）。并且商场的设计思想也是通过减少店面的大小，使得整体商场显得紧凑，消费者评估从一个商店走到另一个商店的距离不会太远，从而逛更多的商店（Underhill, 2009）。

其次，感知数量会影响个体对产品单位效价的评估，进而影响他们对产品的选择。虽然消费者倾向于购买大容量的产品，但如果消费者预期到这样多的容量势必造成浪费，那么他们可能会不选择大容量产品（Petit et al.,

2020）。而当产品是小包装，被感知数量少时，则促进消费者对该产品质量的评估并增加购买数量。一方面，小包装产品往往意味着高价值，因为消费者在评估质量时总是借助价格线索，认为高价格的产品普遍具有高质量，而小包装产品通过减少总容量来增加消费者对产品单位价格的感知，进而提升其对质量的感知（Yan et al.，2014）；另一方面，小包装会增加消费者对该产品的购买数量，原因在于当消费者面对小包装时，会更大概率地感知期望消费量低于单位数量，出于对消费不足的担忧，会增加购买以弥补总期望数量（Krider et al.，2001；Yang & Raghubir，2005）。

最后，感知数量也会对产品的实际消费数量产生影响。以往的研究指出，当向消费者提供大而不是小的分量的食物，会导致他们吃得更多（Koo & Suk，2016；Madzharov & Block，2010；Sevilla & Kahn，2014）。然而，当他们被要求模拟想象进食过程时，个体被激发了自上而下的认知，意识到自身感知对大分量食物的"麻木"状态，因此，有意识地降低了实际消费量（Petit et al.，2017）。进一步地，拉古比尔和克利希纳（Raghubir and Krishna，1999）研究了消费前后对消费量感知的反转。他们发现，在消费前，保持实际容量一致的情况下，消费者感知在瘦高型（相比于矮胖型）容器中盛有更多的产品；但是在消费后，保持实际消费量一致的情况下，他们却认为自己从矮胖型（相比于瘦高型）容器中消费了更多产品，其原因在于最初的视觉感知输入提升了个体对瘦高型（相比于矮胖型）容器的预期，而随后的体验感知输入则带来与预期相反的结果，从而增强了感知差异的强度，证明了实际消费数量是由感知消费数量中介的。

2.4 信息记忆的相关研究

信息记忆最简单的定义就是：信息在人脑中的存储（Styles，2004）。在心理学、社会学、营销学领域记忆相关研究已较为丰富。本节中，我们将主要探讨两个方面的内容，首先，对记忆的分类进行简单回顾；其次，关注营销领域的相关记忆研究，梳理影响消费者记忆的相关因素。

2.4.1 记忆的分类

对于人类记忆的研究从 20 世纪 60 年代就开始进行，主要将其分为两大类，即短期记忆和长期记忆（Baddeley & Hitch，1994；Burgess & Hitch，2006；Cowan，2008；Izquierdo et al.，1999；Norris，2017）。其中，短期记忆又称为工作记忆，这种记忆包含了人们当前正在思考的内容，在短时间内要求个体投入较高的处理能力，但同时这类信息在人脑中也衰减较快，如果需要工作记忆保持活跃就需要持续的注意力资源投入（Baddeley & Hitch，1994；Gyselinck et al.，2007；Keogh & Pearson，2011）。工作记忆处理的信息主要来源于感知系统的外部信息输送，但也有部分来自长时记忆中的内部信息检索（Baddeley & Hitch，1994）。另外，工作记忆也分为多个组件，包括两个主要的存储组件，即视觉空间组件和听觉组件，以及一个中央执行控制系统（Baddeley & Andrade，2000；Logie，1986；Mcconnell & Quinn，2000）。长期记忆则在更长的时期内存储信息，安德森（Anderson，1992）的 ACT 模型区分了两类长期记忆，将其分为陈述性记忆（procedural memory）和程序性记忆（declarative memory），其中，陈述性记忆又分为语义（semantic）记忆和情景（episodic）记忆（DiGiulio et al.，1994；Morgan-Short et al.，2014；Plihal & Born，1997）。具体而言，所谓陈述性记忆，是指对可以被表述的陈述性信息的存储，该记忆模式采用表征网络的各个节点来编码和存储信息，具有结构化特质，因此，一旦某个节点被激活，那么相关信息可以被方便地检索（Eichenbaum，1997；Manns & Eichenbaum，2006）。例如，当被激活"纽约在哪里"时，个体可以很快地检索出"美国，纽约是美国的金融中心"这类信息，此为语义记忆；随后，个体开始陈述"前年春天自己去纽约，观看自由女神像时看到了何种美景……，在游览大都会博物馆时看到了那些优美的雕塑……"时，个体检索了情景记忆。所谓程序性记忆，则指无法用语言来描述或解释，但可以用行动来证明的信息存储，这类记忆信息以进程、程序的方式存储，并指导个体如何执行一些事宜（Johnson，2012；Zanetti et al.，1997）。例如，个体知道如何开车，但却不能准确地用语言向另一个人解释自己是如何具体做到的，虽然个体可以描述一些动作，如发动引擎、踩油门、旋转方向盘，等等，但这些说明并不能成为成功开车上路的完全必要知识。

此外，以往的研究还将记忆分为显性记忆和隐性记忆（Musen & Treisman，1990；Rovee – Collier et al.，2001；Shapiro & Krishnan，2001）。最早发现隐性记忆是通过对遗忘症病人的临床研究，发现遗忘者病人因为海马体和内侧颞叶被切除，所以对近期发生的事情并无记忆，但是通过不断的训练，却可以越来越熟练地完成一些动作任务，即使他完全不记得自己曾经做过这些动作（Albert & Moss，1984；Shimamura，1986）。随后，在格拉夫和谢克特（Graf and Schacter，1985）的研究中，以及在谢克特（Schacter，1987）独自完成的研究中，研究人员对两种记忆进行了区分：所谓隐性记忆，是指先前的经验在不需要个体意识到它存在的情况下，就可以自动运行和被检索使用，类似于之前介绍的程序性记忆，如一些行为、运动或心理技能，等等；而显性记忆则是在个体有意识状态下，对知识的检索使用（Mulligan，1998）。图尔文等（Tulving et al.，1982）在实验中观察到了这两种记忆效果的区别，在隐性记忆组中，被试先被要求学习一些单词，然后完成残词填写游戏，游戏中出现的单词有一半是学习过的，另一半则是全新的。值得注意的是，在这个过程中被试并未意识到之前学习的词汇和现在完成的游戏是有关联的，也就是说，他们在无意识状态下进行了记忆测量；而在显性记忆组中，被试同样被要求学习一些单词，并完成显性的识别游戏，即判断某个单词是否出现在学习过的词汇列表中。结果表明，两种记忆测量结果并不能相互预测，也就证明了两种记忆确实存在效果上的差异。

2.4.2　广告记忆效果的影响因素

消费者对广告信息的记忆至关重要，因为记忆影响着选择和决策（Lynch & Srull，1982；Pechmann & Stewart，1990；Yoo，2008）。学者们曾经对个体的选择作出三种分类：第一种是以刺激为基础的选择（stimulus-based choice），即个体是基于呈现给他（她）的所有相关的品牌或属性信息而作出的选择，这是一种以"外部可用性"为基础的选择；第二种是以记忆为基础的选择（memory-based choice），即个体是基于从自身记忆中检索出来的相关品牌或属性信息而作出的选择；第三种是混合策略的选择（mixed choice），即同时使用相关刺激和记忆做出的选择，例如，消费者在考虑选择哪个餐厅就餐时，一边翻看杂志广告上的推荐列表，一边在脑海中搜索有印象的餐厅（Dick et al.，1990；Angela Y. Lee，2002；Lynch et al.，1991；Lynch & Srull，1982）。但是在现实场景中，消费者更多地使用后两种策略，原因在于消费者总是缺乏动机去充分了解，并针对某类特定产品罗列出的所有品牌选项（Lynch et al.，1991；Park et al.，1989），在无品牌偏见的情况下，记忆提供了让特定品牌快速进入选择集的便利。因此，广告信息的记忆决定着后续选择决策。具体有哪些因素影响着消费者对广告信息的记忆效果？本书将从两个方面进行梳理：第一是外在信息因素；第二是内在个体因素。

外在信息因素会对记忆产生影响。记忆是对信息的处理和存储，因此，信息的不同类型、不同曝光方式均会对个体记忆产生影响。信息的类型包括文字、图片或音频等。而信息曝光方式包括曝光顺序、曝光频率、体验后曝光等。

首先，信息可以通过图片、文字或声音的形式进行传播，因此，以往的研究关注这几种形式的信息在促进个体记忆方面的绩效差异。图片信息被认为在促进记忆方面是优于文字信息的，主要基于以下几种解释：一是图片提供了更多的具象化的线索，便于个体使用多种路径进行信息检索（Childers & Houston，1984；Paivio，1990）。二是图片通过描绘空间或其他关系，使得各部分内容之间产生"有意义"的关联，从而强化了信息的检索路径（Bower，1970）。三是图片的差异化特征明显，因此，在记忆编码过程中占据优势（L. L. Jacoby，1979）。其中最核心的解释是，图片促进了个体启动心智图像来编码刺激物，心智图像使用刺激物的属性特征在工作记忆中构建丰富的、生动形象的想象情景来帮助记忆（Paivio，2013；Paivio & Desrochers，1979）。并且，图片的优势效应也体现在延时回忆中（Childers & Houston，1984）。关于文本信息的研究除了涉及与图片信息的对比外，也强调其自身特点的影响。例如，有研究指出，当字体类型表现出和广告内容之间更强的一致性时，则可以起到加强记忆的作用。例如，为汽车做广告时，使用"Empire Script"字体，传达出"正式、奢华"的语义线索；而为牛仔裤做广告时，使用"Don Causual"字体，传达出"自由、随意"的语义线索，这种一致性提升了记忆效果（Childers & Jass，2002）。关于音频信息对记忆影响的研究指出，作为广告中不可或缺的元素——背景音乐对个体的记忆产生了积极的影响（Kämpfe et al., 2011），它吸引消费者注意力，从而增加了在接下来的场景中个体回忆起相关信息的可能性（Allan, 2006; Hoyer et al., 1984; Lavack et al., 2008），但是也有研究指出，背景音乐的出现反而干扰了个体对信息的处理，起到了消极的影响（Anand & Sternthal, 1990; Gorn & Goldberg, 1991; Oakes & North, 2006）。随后的研究则发展了边界条件，如对背景音乐进行了区分，指出以淡出、缓和的方式结尾的背景音乐促进记忆效果，但是以仓促、突然的方式结尾的背景音乐则阻碍记忆效果（Guido et al., 2016）。

其次，信息曝光方式也是影响记忆的因素。例如，信息曝光的次序，以往关于品牌的研究指出，在保持信息量一致的前提下，先曝光的品牌属性特征更容易被消费者了解并记住，原因在于先曝光的品牌特征更容易被差异化处理，从而增加了该品牌信息在检索时的"可得性"（Alpert & Kamins, 1995; Kardes & Kalyanaram, 1992）。信息的重复曝光也会影响记忆。大量的研究指出，重复曝光确实会增加消费者的积极反应（Belch, 1982; Sawyer, 1974），如更好的信息记忆、更强的品牌偏好和产品选择，但是这种积极效应却是在边际递减的（Ray & Sawyer, 1971），也会因为竞争性广告信息的出现而发生改变（Burke & Srull, 1988）。最后，由于记忆的检索既可以是一个"再生"过程，也可以是一个"重构"过程，"再生"是对存储心理表征的完整提取，而"重构"则是对心理表征元素的重新组合提取。因此，产品广告在个体消费体验后再度曝光反而会改变个体记忆的准确性，产生"真实性错觉"（Braun-LaTour et al., 2004）。

内在个体因素会对记忆产生影响。信息记忆的载体是消费者个体，因此，消费者的个体特征，如性别、年龄、情绪、读写能力、语言系统等，均会对记忆产生影响。首先，年龄、性别因素导致个体记忆表现差异。以往的研究发现，随着年龄的增加，个体在信息回忆任务上比在信息识别任务上，表现出更显著的下降程度，原因在于回忆比识别更消耗资源（Craik & McDowd, 1987）。女性表现出对属性信息更好的记忆效果，而男性则对情景信息记得更好，究其原因在于男女采用了不同的信息编码处理方式（Meng, 2004）。其次，个体的读写能力上的差异也会影响记忆，具体表现为读写能力差的个体更依赖于通过图片信息产生更强的记忆效果，因为图片元素具有"与现实一一对应"的特性（Viswanathan et al., 2009）。再次，积极的情绪

41

因素对记忆产生正向的影响。积极的情绪会促使个体对信息进行精细化处理，产生更多的与产品或品牌相关的分类和关系，这些分类和关系成为后续回忆重要而有效的线索（Ambler & Burne, 1999; Angela Y. Lee & Sternthal, 1999; Mehta & Purvis, 2006）。最后，个体的语言系统的差异会促使个体偏好不同的信息记忆方式。具体而言，中文是"表意"象形文字，而英文是"表音"字母文字，因此，中国消费者在"写下"而非"读出"产品名称后，更容易回忆出产品名称；反之，外国消费者在"读出"而非"写下"产品名称后，更容易回忆出相关信息。这是由于中文语言系统更加强调以视觉方式编码信息，而英文语言系统则以语音方式编码（Schmitt et al., 1994）。

2.5 礼物选择的相关研究

礼物的选择与赠送在各种社会环境中普遍存在，驱动礼物购买与赠送行为的主要因素来源于经济效用和象征价值（Carrier, 1990; Otnes et al., 1993）。因此，礼物被定义为：用于促进人际关系联结的流通商品（Joy, 2001）。雪莉（Sherry, 1983）的开创性论文将礼物的赠送过程划分三个不同的阶段：第一阶段为孕育阶段（gestation），该阶段以送礼者为中心，发生在礼物交换之前，包括送礼者的动机、内外部信息的搜索、选择礼物时的考虑，以及期望通过礼物表达的象征意义等；第二阶段为呈现阶段（presentation），该阶段侧重于礼物的交换，包括礼物从赠与者到接受者的传递以及围绕其中的仪式元素；第三阶段为重构阶段（reformulation），在该阶段礼物成为关系双方评估彼此的工具，它对于双方关系的构建与稳定具有相应的作用。基于此，礼物的选择行为出现在孕育阶段，也就是说参与方不再只是买方与卖方，而是礼物供应方、礼物购买方（赠送者）与礼物接受方（接收者）。因此，在礼物选择过程中，赠送者不仅要估计礼物本身的意义与价值，也要顾及接收者对礼物的感知与理解，这对礼物赠送的最终目的"关系构建或维系"至关重要，也是礼物选择区别于一般商品选择的独特性所在。本节重点从两个角度探讨礼物的选择行为，分别是：礼物特质对礼物选择行为的影响；人际关系对礼物选择行为的影响。

2.5.1 礼物特质对礼物选择行为的影响

现有研究对礼物的内在特质进行了区分，将礼物划分为以下三种类型：体验型礼物（experiential）或物质型（material）礼物；可行型礼物（feasible）或可取型（desirable）礼物；基于场合型礼物（occasion-based）或非基于场合型（nonoccasion-based）礼物，并根据礼物的不同特质探讨消费者对其选择的偏好及选择的条件因素。

2.5.1.1 体验型礼物与物质型礼物

营销领域对礼物的体验型或物质型划分源于心理学领域对物质型购买与体验型购买的定义（Chan & Mogilner, 2017；Van Boven & Gilovich, 2003）。迄今为止，相关研究发现，购买体验通常比购买物质性商品会给消费者带来更多的益处，例如，更大的满足感、更大的幸福感以及更少的遗憾，特别是当体验的结果是积极时（Carter & Gilovich, 2010；Gilovich et al., 2015；Nicolao et al., 2009）。但是，体验型与物质型购买更多地以"为自己购买"这一视角为出发点进行探讨，其底层机理往往被归因于：体验型购买相比于物质型购买对个体的自我意识贡献更大，更具独特性，并且更难以与替代品进行比较（Caprariello & Reis, 2013；Carter & Gilovich, 2012）。相对而言，在营销学礼物研究领域中，"为自己购买"视角被转化为"为他人购买"。学者们将物质型礼物定义为：通过礼物的传递，接受者持有了礼物的物质形态，如珠宝或电子产品；而将体验型礼物定义为：礼物的传递是基于事件的发生，使得接受者经历了该事件并获得相应的体验，如音乐会门票或摄影课邀请函（Chan & Mogilner, 2017）。早期一些研究认为，体验型礼物优于物质型礼物。主要原因在于消费体验型礼物时，接收者需切身经历某一事件，这给接收者带来更强烈的情感体验，所以赠送体验型礼物会让接收者对其自身与赠送者之间的关系有更为积极的评价，如认为彼此关系更牢固或更亲密（Chan & Mogilner, 2017；Goodman, 2014）。与此同时，礼物的接收者也更加倾向于将体验型礼物当作一种"有意义的时刻或记忆"，这使得体验型礼物更容易激发接收者的怀旧情绪及重温意图（Puente-Diaz & Cavazos-Arroyo, 2022；Puente-Diaz & Cavazos-Arroyo, 2021）。

随着研究的深入，人们发现，尽管体验型礼物普遍被认为"优于"物质型礼物，但在现实礼物市场中，相比于体验型礼物，物质型礼物仍然处于相对优势地位，这引发了学者们对条件因素的探索。有研究指出，赠送者与接收者之间的关系亲密度是一种有效的条件因素（Goodman & Lim，2018）。当关系亲密度低时，赠送者更需要获取关于接收者的信息，来判断体验型礼物的独特性是否符合接收者的预期，以避免可能的社会风险（Ward & Broniarczyk，2011，2016）。相对地，物质型礼物则对接收者信息的获取需求更低，因此，面对关系亲密度低的接收者，赠送者更倾向于选择物质型而非体验型礼物；反之，当关系亲密度高时，赠送者已经拥有足够的关于接收者的信息（Stinson & Ickes，1992），赠送礼物过程中存在社会风险较低，因此，赠送者更倾向于选择具有独特性的体验型礼物。基于以上分析，物质型和体验型礼物的相对优势，从赠送者角度应该基于其对接收者信息熟悉程度而区别判断；但从接收者角度，则普遍认为体验型礼物优于物质型礼物。

2.5.1.2 可行型礼物与可取型礼物

可行型与可取型的分类源于解释水平理论（construal level theory），该理论认为，事物的可行性和可取性之间的区别对应于手段和目的之间的区别（Gollwitzer & Moskowitz，1996；Kruglanski，1996）。具体而言，可取性以"目的"为导向，是指对象或行为的最终状态的效价；而可行性以"手段"为依据，反映了达成最终状态的难易程度（J. B. Cohen et al.，2008；Liberman & Trope，1998）。以学习某门课程为例，可取性指个体对在该门课程中获得高分的重视，而可行性则代表了个体为在该门课程中获得高分而投入的时间和精力。而在礼物选择上，消费者通常也会从可取性和可行性两个角度进行考量。可取型礼物主要指从礼物整体价值角度考量，关注礼物对接收者的吸引力；而可行型礼物主要关注礼物的便利性与易用性。例如，当赠送者选择一个地点较远难以到达，但整体质量高的餐厅以宴请接收者时，赠送者选择了一个相对可取型礼物；反之，当赠送者选择一个地点较近容易到达，但质量较低的餐厅以宴请接收者时，赠送者选择了一个相对可行型礼物。

需要注意的是，礼物的"可取"和"可行"并非完全的"二分制"，也就是说，通常人们在进行礼物选择时，总是在更大程度的"可取"或更大程度的"可行"之间做权衡。对于有哪些因素会影响这种权衡，巴斯金等（Baskin et al.，2014）最先提出了"为他人"或"为自己"选择礼物（即一种特殊的人际距离）是一个关键的影响因素，并指出当消费者是"为他人"而非"为自己"挑选礼物时，他们不再从第一人称视角想象自己体验礼物的情况，而是需要从第三人称视角想象接收者收下并体验礼物的场景，因此，他们更倾向于考虑礼物的可取性（Baskin et al.，2014；Kray，2000；Kray & Gonzalez，1999）。有趣的是，随着研究的深入研究人员发现，"选择可取性或可行型礼物"也可以反过来影响接收者对双方关系的感知，而且从接收者视角认知的"人际距离"与"可行 vs. 可取"的匹配关系与从赠送者视角认知到的恰好相反。也就是说，如果接收者收到一份相对可行性的礼物时，那么他们会将彼此之间关系理解为一种更为亲密的关系；反之，如果接受者收到的是一份相对可取性的礼物，那么他们反而没有对彼此关系产生亲密感知（Rim et al.，2019）。究其原因，是因为接收者也会反向推断赠送者在赠送礼物时考虑的关注点，如果是一份可行性礼物，接收者推断赠送者考虑了更为细致的使用容易程度，因此，提升了对赠送者的亲密感知；反正，如果是一份可取性礼物，接收者推断赠送者的关注点在礼物整体质量等更概括性的属性上，因此，反而减低了对彼此关系的亲密感知（Fujita et al.，2006；Liberman & Trope，1998；Wakslak et al.，2006）。该领域研究的后续发展中，研究人员不仅关注了横向水平型的人际距离，也关注了纵向垂直型的人际距离，提出：当赠送者的权力高于接收者，即向下属赠送礼物，那么赠送者会从第一人称视角评价礼物，从而更注重礼物的可行性；反之，当赠送者的权力低于接收者，即向上司赠送礼物，那么赠送者会从一个更为抽象的角度考量礼物，从而注重礼物的可取性（Choi et al.，2018）。

2.5.1.3 基于场合型礼物与非基于场合型礼物

"赠送礼物"这一社会行为产生的根源在于人们需要具有仪式性的社会交换（Giesler，2006；Sherry，1983），这导致消费者对"赠送礼物"的认知普遍局限于某些特殊的场合，如生日、新婚或圣诞节等。从而生日礼物、新婚礼物、圣诞礼物等特殊场合的礼物成为该领域内以往相关研究主要的实证分析对象及实验材料。但随着对该领域的深耕，研究人员发现，消费者并不仅仅在特殊场合赠送礼物，也会在其他情况下送出礼物，继而发展了"基于场合型礼物"与"非基于场合型礼物"概念。但是，对礼物的这种分类涉及的研究目前还相对较少。吉维和加拉克（Givi and Galak，2022）在其2022年的研究中提出，"基于场合型礼物"主要是指这类礼物是在一个既定的、特殊的场合进行赠送，接收者对此类礼物有一定的预期，对礼物的整体质量非常敏感，并对其赋予较高的"期待愉悦"；而"非基于场合型礼物"则相反，它在一个非既定的场合被赠送，由于没有"预期"，没有较高的"期待愉悦"，因此，接收者在收到它时很容易获得满足。而造成这一分歧的原因在于：相比于"基于场合型礼物"，个体对"非基于场合型礼物"所展现的"关怀信号"要求较少，而"满意=实际价值-预期价值"，随着预期的降低满意则被提升（Larsen & Watson，2001；Rixom et al.，2020）。

2.5.2 人际特质对礼物选择行为的影响

礼物赠送作为一种人际交互活动，其交互两端（即赠送者与接收者）的特质、感知及认知均会对礼物选择产生影响。反之，礼物选择也体现出了礼物互动双方不同的情感、意图及社会关联。

从赠送者视角进行探讨，奥特尼斯等（Otnes et al.，1993）将其分为六种角色：取悦者（pleaser）、提供者（provider）、补偿者（compensator）、社交者（socializer）、认同者（acknowledger）以及回避者（avoider）。作为取悦者的赠送者意图选择一个符合接收者品味和兴趣的礼物。这种类型的礼物交换所传达的信息可以被理解为纯粹的象征性或交流性信息（Belk，1976），即"我很重视你，所以我送你一些我认为你会喜欢的东西"，因此，赠送者扮演这一角色的目的仅仅只是为了加强社会联系，或者维持赠送者和接收者之间的善意。作为提供者的赠送者通常会购买他们认为接收者需要的东西，但不一定是他们想要的东西，这些东西很实用，例如，一些妻子经常会给丈夫购买袜子、T恤等，或者母亲为孩子购买的衣服、鞋袜等。提供者角色的出现是由于一种文化、理念的约束，即礼物应该在某种程度上具有实用性。这类礼物交换所表达的信息简单直接，即"我想照顾你的需求"。补偿者角色似乎是取悦者和提供者的混合体，作为补偿者的赠送者通过赠送礼物试图补偿接收者所遭受的损失，其背后的信息是"我想补偿你"。然而，接收者的损失并不一定由赠送者造成，因此，赠送礼物的目的与其说是道歉，更贴切的是安稳。例如，一些二十出头的接收者仍然可能受到来自亲戚朋友赠与的类似他们小时候玩的玩具作为圣诞礼物,这就体现了赠送者试图安慰接收者,补偿他们在童年时光中可能受到的"损失"。社交者角色正如麦克拉肯(McCracken,1986)所述,通过礼物媒介将个人的某些象征特质,如价值观、理念、知识等,暗示给接收者,并启动可能的意义转移,此时礼物传达的意思是"这是我希望你拥有的一些知识或价值观"。例如,一些长辈会在晚辈年纪较小时送给他们童话书籍,希望晚辈能拥有美好的心灵,但随着晚辈年纪的长大,长辈们又会送给他们一些读物,希望他们拥有独立人格、自尊自爱等。作为社交者,他们挑选礼物时相对容易,而作为认同者,他们挑选礼物就较为困难。当扮演认同者这一角色时,赠送者通常会为处于本人社交网络靠外缘的接收者(如孩子的老师),或存在一定紧张关系的亲近(如远方亲戚)挑选礼物。赠送者必须向接收者延伸出一些东西,以便向他们表达"我认识到我们之间存在某种关系,可能这种关系是象征性的,但我只想表达认同你所做的事情"。最后一种是"回避者",这类角色较为特殊,根据定义逃避者角色表现为没有任何实际的礼物互动。但还将其列入赠送者角色的原因在于通过不赠送礼物,他们也在传达出相对温和的信息:"我不希望与你简历礼物互动关系",甚至是更加直接的信息:"你不值得在此时得到认同。"

此外,现有研究也分析了赠送者与礼物的特质匹配,以及选择礼物的方式对接收者感知的影响。具体而言,帕奥拉奇等(Paolacci et al.,2015)指出:当接收者收到与赠送者形象相匹配的礼物时,即礼物中包含了赠送者的特征,那么接收者会产生更加强烈的感激,因为他们认为这样的礼物符合送礼者的身份一致性。值得注意的是,这种影响不取决于接收者对赠送者动机的推断,也不取决于接收者与赠送者是否有良好关系,而是取决于赠送者的核心特征与礼物匹配所传达出来的身份一致性信号(Cialdini et al.,1995;Guadagno & Cialdini,2010)。尽管如此,消费者有时也不得不购买与自身身份相违背的礼物,以期望满足接收者的诉求。特别是当他们为一个关系近的接受者购买与自身身份不一致的产品,会让其产生强烈的自我身份威胁感知,从而在后续的产品选择中倾向于选择能够帮助自我身份构建的产品(Ward & Broniarczyk,2011)。进一步地,不仅礼物与赠送者特质的相符性,而且赠送者选择礼物的方式差异性也会带来相应的影响。波尔曼和马利奥(Polman and Maglio,2017)则指出,赠送者在为接收者挑选礼物的同时也为自己购买了相似的礼物，这样一种"陪伴"式的礼物选择会提高接收者对礼物的喜欢。原因在于，"陪伴"式的礼物选择让接收者获得一种"共享""分享"的感知，认为自己与赠送者之间拥有更多的"相似性"与"关联性"，从而表现出对礼物的积极评价（Belk，2010；Burger et al.，2004）。

从接收者视角进行探讨，现有研究可分为三个方向，包括接收者的数量、接收者的文化差异、接收者的关系信号。首先，消费者经常需要面临向多位接收者一起赠送礼物的情况，当赠送者为多位接收者选择礼物时，他们倾向于给每个接收者选择不同的礼物，即使赠送者了解其中有几个接收者其实是喜欢同一款礼物的，而且接收者之间也不会比较礼物。这种将接收者"放在一起"而非"分开"考虑的决策环境下，会促使赠送者过度个性化。过度个性化的出现是因为赠送者试图通过将每个接收者视为"独一无二"的方式来表达自己对接收者的考虑周到（Hsee & Zhang，2004；Steffel & Le Boeuf，2014）。其次，接收者拥有不同的文化背景，因此，他们对礼物的定义和接受度也会有所差异。亚洲文化背景下的接收者拥有更高的集体主义意识，倾向于将自身与他人联系起来，所以当他们与普通朋友进行礼物交互活动时更可能援引互惠原则，把收到的礼物作为一种"负债"，因此，更可能拒绝接受礼物。然而北美文化背景下的接收者，拥有更高的个体主义意识，他们将自身看作独立于他人的，所以他们更倾向于根据礼物的吸引力来接受礼物，而不考虑他们是否有义务回赠礼物（Pusaksrikit & Chinchanachokchai，2021；H. Shen et al.，2011）。

接受者的关系信号也可以解读为赠送者与接受者之间被感知的关系亲密程度。之所以将其划分为接收者视角，主要是因为如果以礼物选择行为的执行者为轴心画圈来标注不同的接收者，那么赠送者的定位是"不变"的，而决定关系圆圈半径（即半径 = 关系亲疏）的是接收者，是接收者"发送"出来的关系信号。此类研究相对较多，并且与礼物特质也产生了各种交互作用，如前一小节中提及的对于关系疏远的接收者，赠送者倾向于选择物质型礼物，关注礼物的可取性特质；而对于关系亲密的接收者，赠送者则倾向于选择体验型礼物，关注礼物的可行性特质（Baskin et al.，2014；Goodman & Lim，2018）。不仅如此，赠送者还需要在接收者偏好（即礼物符合接收者的喜好）与彰显亲密关系（即表现出自己很了解接收者）之间做权衡。对于礼物接收者而言，他们经常会被询问喜欢什么，但即使接收者如实回答了，那么他们就可以收到自己表示喜欢的礼物了吗？实际情况可能不是这样的。对于关系亲密的接收者，赠送者更会偏离原先从接收者处获得的偏好注册列表，花费更多成本去选择一个所谓"更好的"礼物。这种行为看似无私，其实赠送者去选择一个可以彰显亲密关系的礼物，而不去选择一个符合接收者偏好的礼物，是想表达"自己很了解接收者"。讽刺的是，对于关系疏远的接收者，赠送者恰恰会去依据接收者提出的偏好列表选择礼物（Ward & Broniarczyk, 2016）。类似地，在一些套餐消费情境中，如赠送者为接收者选择礼物时，他们可能同时获得一些优惠券，而优惠券的金额又取决于所选的礼物类型。此时，他们的决策考量需要在"接收者利益最大化"与"自身与接收者共同利益最大化"之间权衡。当面对关系较远的接收者时，赠送者会选择"接收者利益最大化"的礼物，比如最符合接收者偏好的礼物类型；反之，当面对关系较亲密的接收者时，赠送者反而会选择"牺牲"一点接收者利益来换取更大的"共同利益"，比如接近接收者偏好的，与此同时能带来更大金额优惠券的礼物（Tu et al., 2016）。这是因为，关系近的接收者被赠送者定义为"我们"，作为"我们"的个体们被认为是更包容、友好且共情的（Batson et al., 1997; Goldstein & Cialdini, 2007）。

综合以上对相关文献的回顾与梳理，本书认为，虽然以往的研究分析了边界对各种感知的影响，但对信息数量的感知较少。并且对于认知层面的信息记忆，以往研究更多地从信息的属性及个体的特质上，分析"何种类型的信息更可以加深消费者记忆"，以及"什么样类型的人群会产生更好的记忆效果"这类偏向于心理学领域的问题。所以探讨视觉边界这一基础元素对感知数量及信息记忆的影响是有价值的。更为重要的是，以往研究虽明确了注意机制的选择性，也挖掘了一些可能造成注意力分布不均的因素，如色彩饱和度、新奇形状以及规格体积大等，但这些因素均是"为自己"吸引注意力，因此，本书试图探讨，有什么元素可以"为他人"吸引注意力呢？视觉边界通过对注意力的引导和阻碍转移，实现了"为他人"吸引注意力的作用。最后，现有研究关注礼物特质和人际特质对礼物选择行为的影响，也提出不同人际距离会导致赠送者选择不同类型的礼物，但这些影响选择差异的因素中却忽略了礼物的外在包装因素，而视觉边界作为一种经常出现在礼物包装上的设计元素，它将会起到怎样的作用以及为什么会产生作用，这是值得关注和深入探讨的。

第3章

研究设计

本章主要基于视觉营销和认知心理学的相关理论，构建包括视觉边界、注意力分布、感知信息强度、感知数量、信息记忆及礼物选择的概念模型，推导相关的研究假设。并简要介绍了本书中主要使用的实验方法，以及针对研究问题进行的前测，为后续正式实证研究提供方向和依据。

3.1 研究框架

基于对边界概念的理论梳理，本书将所涉及的研究对象——视觉边界定义为一种有形的、可以被个体通过视觉有效地感知的边界。作为一种设计元素，它的呈现形式为修饰性线条或边框，其功能表现为对整体页面的划分、分割或者是对目标内容物的包围，从而更为明显地区分、限定各单位内容物及其归属（Cutright，2012；Fajardo et al.，2016）。基于上述定义，本书将视觉边界分类为：线条型视觉边界与框架型视觉边界。为了论述方便及以示区别，在后续探讨中将前者简述为"视觉边界"，而将后者简述为"视觉边框"。本书认为，两者在象征意义上具有一定的相似性，均象征着"秩序""归属"，而在功能作用上略有侧重。尽管两者均具有"划分""限制""强调"的作用，但线条型视觉边界侧重于"划分"；而框架型视觉边界侧重于"限制"与"强调"。为了更为深入地探讨视觉边界这一设计元素，本书不仅探讨了线条型视觉边界，也分析了框架型视觉边界。具体而言，本书第4章、第5章中主要涉及的是线条型视觉边界，其中横向型视觉边界是对整体页面进行分割,将其划分为上半部分和下半部分的修饰性线条;而纵向型视觉边界是对整体页面进行分割,将其划分为左半部分和右半部分的修饰性线条。本书第 6 章中主要涉及的框架型视觉边界是对页面中目标内容物的包围、限定,让其与页面中其他内容相互区隔。

通过对前人研究的梳理,本书发现,以往对视觉边界的研究尽管涉及了个体感知层面的相关结果变量,如控制感、感知多样性等,但较少地涉及对数量信息感知的影响,而在认知层面的相关研究则相对更少了。因此,本书将研究重点放在视觉边界对个体感知数量和信息记忆的影响上,提出:由于视觉边界具有特定的功能性及象征性作用,会帮助个体定位首次注视点,并阻碍个体跨越边界进行注意力转移,从而将个体注意力限制在页面的局部位置,而注意力资源又是个体准确感知信息和有效记忆信息的重要资源,因此,使得视觉边界对个体的感知数量及信息记忆造成影响。此外,有关视觉边界的前置变量主要集中在个体对自身状态的感知,如控制感的拥有或缺乏、风险感知的增加或减少等,但在以往的研究指出,个体在决策过程不仅需要考量自身状态,同样也需要将他人因素纳入考量范围内,例如,在礼物选择及购买领域,礼物赠送者往往需要考虑礼物接收者对礼物的理解和认知,甚至是想象礼物接收者对礼物的使用情况,并将这些因素作为重要的决策因素。而视觉边界有其特殊的功能和象征意义,将会对个体理解和判断目标对象造成影响。因此,本书提出,当礼物赠送者与礼物接收者之间人际关系较为疏远时,作为赠送者,个体一方面缺乏接收者的相关信息,未能较为准确地了解接收者的偏好,另一方面有期望通过赠送礼物拉近彼此关系,因此,个体有更加强烈的意图来通过礼物传达祝福,旨在表明"礼轻情意重"的思想;而视觉边界设计恰恰可以集中注意力到祝福信息上,突出祝福信息的正式和强度感知。因此,赠送者更可能选择带有视觉祝福边界设计的礼物。

基于以上推测,本章后续内容将依据图 3.1 所示的研究模型概况进行理论层面的推理和演绎。详细论述关于视觉边界对感知数量、信息记忆的影响,人际关系距离对视觉边界的偏好的影响,以及各个效应的内在作用机理。

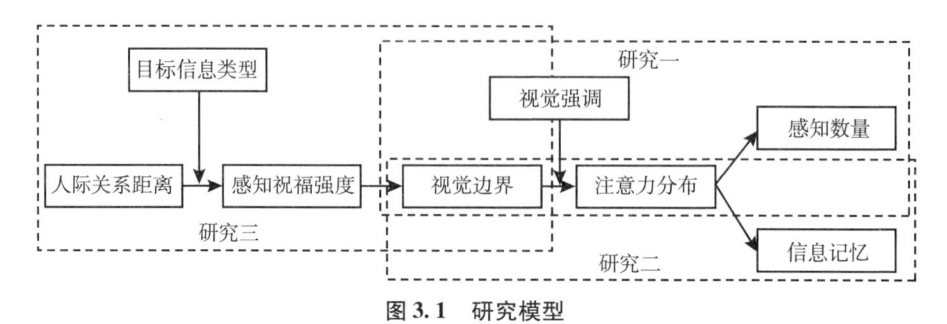

视觉边界对消费者感知数量、信息记忆及礼物选择行为的影响

图 3.1 研究模型

3.2 研究假设的提出

本书探讨两种形式的视觉边界,分别是线条型视觉边界(研究一、研究二)以及框架型视觉边界(研究三)。并且考虑到现存视觉边界研究涉及的相关后置变量,更多地关注边界的象征意义所带来的感知及行为上的影响,却忽视了视觉边界基础的、作用于个体注意力的功能表现。因此,本书重点探讨线条型视觉边界是如何影响个体注意力分布,并进一步对个体感知数量和信息记忆产生作用的。此外,现存视觉边界研究涉及的前置变量更多地源于个体自身感知,往往忽略了个体在进行偏好选择时,亦可将"对他人反应的推测"纳入考量范畴。因此,本书在"礼物选择"这一特殊领域探讨了个体人际关系距离对框架型视觉边界的偏好及选择行为。具体的各个变量之间逻辑关系的演绎推导,将在后续各小节中详细论述。

3.2.1 视觉边界与视觉注意力

以往对视觉营销的研究中已发现多种视觉元素,如颜色、形状、大小等,均会对个体的视觉注意力产生影响(Folkes & Matta, 2004; Hagtvedt & Brasel, 2017)。而视觉边界作为一种较为普遍使用的视觉元素,它是否也会对个体注意力产生作用?以及是如何作用的呢?本书认为,视觉边界本身并不会吸引个体更多的注意,但是却可以有效地引导个体的注意力分布,使得个体的注意力更大概率地集中于页面中的某个特定的局部位置。为了便于说明，我们将该局部位置命名为"最初浏览位置"，是指页面的上半部分（对横向型视觉边界而言）或者左半部分（对纵向视觉边界而言），视觉边界的引导作用会促使个体更大概率地将首次注视点（first fixation）放置在最初浏览位置上。具体分析如下。

首先，视觉边界具有提供位置线索的功能，而"位置线索"帮助个体定位首次注视点。视觉边界的"提供位置线索"功能体现在：当页面中没有呈现视觉边界时，人们更可能将图片内容信息视为一个统一、完形的整体，不会将其有意识地分割（Bower，1970；Childers & Houston，1984）。可是当视觉边界被呈现时，情况就发生了变化。具体地，当横向视觉边界出现时，人们会更准确地意识到图片页面有"上下"之分；而当纵向视觉边界出现时，人们则会更准确地意识到图片页面有"左右"之分。"提供位置线索"功能有助于个体定位首次注视点，原因在于：当页面中没有视觉边界时，个体在浏览图片信息时显示出较强的"随机性"或"任意性"特征（Antes，1974；Yarbus，2013），个体通过个人偏好或兴趣来定义图片中哪个位置更加"突出"、更加"显著"，从而将首次关注点放置在"感兴趣"的位置上（Mackworth & Morandi，1967；Rayner，1978），形成个体差异化的"第一眼"。这表明在一般情况下，个体在浏览图片时并不遵循某一既定的顺序。但是，当视觉边界出现时，情况则发生了变化。原因在于：个体在日常的阅读和写作中获得了训练，使得位置信息的获取优先于浏览行为（Li et al.，2016；Pieters & Wedel，2007；Scott et al.，2019；Wedel & Pieters，2008）。个体长期的阅读和写作训练，使得个体一旦获得"位置线索"就会产生"遵循从左到右，从上到下浏览规则"的内在动机。因此，当视觉边界出现时，明确的"位置线索"就会启动个体头脑中已形成的联结，即"当有上下之分时，就应该从上到下；当有左右之分时，就应该从左到右"。而且，当"遵循习惯"的内在因素驱动强于"显著性吸引"的外在因素驱动时，个体就会放弃对图片使用"随意浏览"的策略，开始采用"从上到下、从左到右"的既定浏览顺序（Rayner，1978，2009）。总之，视觉边界的存在暗示了"位置线索"，使个体更容易将首次注视位置定位于最初浏览位置上。在研究一及研究二的眼动实验中，我们将对"视觉边界引导个体定位首次注视点"这一假设进行验证。

其次，视觉边界阻碍了个体注意力跨边界转移，将个体注意力更多地限制在最初浏览位置。分析如下：第一，视觉边界在页面中设置了"停止"的标注（Burris & Branscombe，2005；Cutright，2012），标记着页面某部分内容物的完结。以横向型视觉边界为例，它标注着页面上半部分的内容至边界处完结，而下半部分的内容则从边界处开始。这种标注"停止"的作用不仅存在于个体的视觉感知上，也进一步渗入个体的心理，产生一种"心理关闭"的状态（Hou et al.，2018），暗示个体"一旦跨越该边界，被标注'完结'的部分就会彻底'过去'了，不可再返回了"。因此，个体为了避免"不可再返回"所可能带来的损失，会试图更充分、准确地理解最初浏览位置上的信息之后，再去关注其他位置的信息，这增加了个体跨越视觉边界浏览的障碍。第二，视觉边界对页面内容物进行了划分，规划了各个内容物的归属，这使得各部分之间被感觉是"独立""不相关"的（Myrseth & Fishbach，2009），而这种对两部分内容物的"不相关"感知，也会降低个体跨越边界的动机与可能性。原因在于：当等待处理的其他页面内容物为被认为是"不相关的""属于不同类别的"时候，个体感知需要付出资源成本以重新构建对"新类别"对象的认知过程，这降低了个体跨越边界处理信息的动机水平。并且，以往的研究也提供了支持性论述，认为跨边界处理信息，需要付出额外的精力和时间（Thorndyke，1981）。可见，视觉边界的存在增加了个体跨边界进行信息处理的难度，最终将个体注意力限制在页面的最初浏览位置上。

综合以上分析，我们做出如下推论：以横向视觉边界为例，视觉边界的存在，首先，让个体对页面布局有了更为明确的位置线索，即感知到"页面被明确地划分为'上下'两部分"，而个体在获得明确的位置线索后，则倾向于使用"从上到下"的浏览策略来处理图片信息，从而将首次注视点定位于页面上半部分。其次，由于视觉边界标记着"停止"，它让个体感知上下两部分内容物是不相关的，而且跨越视觉边界进行信息处理需要付出额外的资源成本，因此，减少了个体对页面下半部分的关注。同理，纵向视觉边界有类似的作用。

3.2.2 视觉注意力与感知数量

根据对感知数量的相关研究梳理可知，随着单位数量的增加，个体开始

第 3 章 研 究 设 计

依赖一种普遍且原始的近似感知系统,来估计单位的数量,个体对数量信息的感知处理类似于对事物的其他属性信息,如重量、亮度、色彩等,只需付出较少的努力,就能在 200 毫秒内注意到 17% 的数量差异(Piazza et al., 2004; Redden & Hoch, 2009)。

感知数量作为一种近似估计是存在感知偏差的(Raghubir, 2007),而这种偏差在一定程度上是由捕获注意力的程度高低所导致的(Wardak et al., 2011)。以往的研究中已提供了支持性证据,论述了注意力对感知数量的影响。例如,有研究人员发现,与不吸引注意力的包装相比,具有同样大小,但吸引注意力的包装被感知内容物的含量更多(Folkes & Matta, 2004);同样地,包装上越是呈现视觉复杂性的产品,由于吸引了个体更多的注意力,因此,在体积上被感知越大(Garber Jr et al., 2008);或者越是拥有明亮饱和色彩的物体越能吸引个体的注意,使得物体被感知越大(Hagtvedt & Brasel, 2017)。研究人员使用了"错误归因"的解释来构建这些效应的内在机制,指出相比于"小、少"的事物,"大、多"的事物更会吸引个体的注意力,因此,在"大、多"和"吸引注意力"之间建立了双向自动联结。当个体需要依靠某个自动的、典型的、容易处理的"因素"来"帮助"判断事物的大小时,会将"吸引注意力"当作首要判断依据,从而产生错误归因(Folkes & Matta, 2004; Hagtvedt & Brasel, 2017)。以上研究均提供了注意力对感知数量具有正向的影响的证据。但考虑到本书的研究对象视觉边界是通过对目标对象整体进行分割,从而影响注意力分布,而非从整体上提升个体对目标对象的关注,因此,有必要进一步梳理注意力对页面内容物的感知数量产生影响的原因。

在认知心理学中注意力被认为是一种重要的认知资源,用于支持各种感知与认知处理(Pieters et al., 1999; Pieters & Warlop, 1999)。注意力最重要的作用在于"筛选",它通过控制神经元放电率的强弱实现"选择性注意机制",使人们"看见"某些对象,同时也会让人们"看不见"那些没有关注的地方(Janiszewski et al., 2013; Reynolds & Chelazzi, 2004)。在感知处理中,注意力从大量的感官输入信息中进行选择,使感知系统仅对被选择的部分信息进行处理,即所谓的"感知注意(attention for perception)"(Styles, 2005)。支持性证据如:让人们同时看两幅不同的图片,在个体的视觉区域中两幅图片不会重叠出现,而会交替出现。在交替过程中具体哪一

视觉边界对消费者感知数量、信息记忆及礼物选择行为的影响

幅图片会出现在感知系统中，取决于注意力的关注情况，即注意力关注的那一幅图更可能占据主导地位（Ooi & He，1999）。因此，注意力可以引导感知系统对选定的对象起作用，而在其他对象上感知失效。

除此之外，注意力还可以从空间解析度和信息处理速度两个方面影响感知系统。首先，对于那些被选择的感知系统起作用的方面，注意力进一步提高了视觉感知的空间解析度（Wardak et al.，2011），从而更清楚地获取了信息。因为集中注意力会产生更生动的表征信息（Cornil et al.，2014），比如，人们要检测一个狭窄的细缝，当集中注意力在细缝上时，就可以感知细缝的内部空间被"放大"了（Gobell & Carrasco，2005），人们也就可以"看清楚"了。因此，相比于有注意力的位置，在缺乏注意力的位置上个体无法准确地获取视觉信息。其次，注意力增加了视觉感知信息的处理速度（Carrasco & McElree，2001；Wardak et al.，2011）。在注意力关注的位置，个体可以快速地处理相关信息，包括感知该位置上内容物的形态、排布、数量等，而在缺乏注意力的位置，视觉信息的处理速度较低。因此，在一定的时间限制内，更低注意力资源的投入会导致个体视觉感知到的信息更少。可见，注意力作为一种重要的认知资源，直接决定了感知系统起作用的方面。

结合之前关于视觉边界对注意力的影响作用，我们认为，在有视觉边界的页面设计中，视觉边界阻碍了个体跨越边界进行注意力转移，导致注意力集中在最初浏览位置，而无法到达页面其余位置。因此，在进行数量感知时，个体只能使用局部的数量信息来估计整体的数量信息，最终导致低估偏差。而在无视觉边界的页面中情况则相反，个体注意力可以不受视觉边界的阻碍和限制作用，到达页面中的其余位置，最终产生与有视觉边界情况差异的感知数量结果。

基于以上分析，本书提出以下假设。

H1：相比于无视觉边界，视觉边界降低个体对整体页面内容物的感知数量。

H2：注意力分布在视觉边界和感知数量的关系中起中介作用。即相比于无视觉边界，视觉边界会阻碍人们关注最初浏览位置之外的其余页面位置，从而导致对整体页面内容物数量的低估。

3.2.3 视觉注意力与信息记忆

注意力被描绘成一种信息处理的资源池，不仅对个体感知产生影响，也会对个体认知层面的记忆产生影响。现实中，那些创新的、出乎意料的信息更可能抓住人们的注意力，从而得到更广泛的处理，并在后续的回忆中有更好的表现（Lynch & Srull，1982）。理论上，我们可以从以下三个方面了解注意力对记忆的正向影响。

首先，从记忆的存储角度分析。根据记忆的多存储模型（A multi-store model of memory），记忆有三个永久性结构特征：感觉登记（sensory register）、短期存储、长期存储，信息从感觉登记进入短期存储时，注意力控制就开始发挥作用（Atkinson & Shiffrin，1968）。并且当信息在这三个结构之间流转时，注意力均产生重要作用。具体地，注意力过滤着从感觉登记到短期存储的信息，只允许相关信息进入（Downing，2000）；注意力控制着"排演（rehearsal）"过程。"排演"是指信息在短期存储与长期存储之间循环，信息是通过"排演"转移到长期存储之中。当注意力被引导到记忆对象上，记忆对象就会开始被"排演"。而在"排演"的过程中，一旦注意力被转移，信息就会丢失（Styles，2005）。

其次，从记忆的"编码"和"检索"过程角度分析。记忆分为"编码"和"检索"两个阶段，相比于检索过程，编码过程是基础过程，它包含对事物的感知和理解（Craik，1983）。在编码过程中，如果个体的注意力受到了分散，那么个体在后续的记忆测验中将表现出显著降低的记忆效果（Baddeley et al.，1984）。因此，以往的研究人员认为，记忆的编码处理是控制型处理而非自动型处理（Fisk & Schneider，1984），它十分依赖注意力资源，缺乏注意力资源将会影响编码过程中信息的获取和处理（Craik et al.，1996）。以上两点从正面论证了注意力对记忆的作用。

最后，从记忆的显性和隐性角度分析。起初，学者们发现，显性记忆受到注意力的显著影响，分散注意力将有效地降低个体在显性记忆测量任务中的表现（Craik et al.，1996；L. L. Jacoby et al.，1993）。在后续的研究中，研究人员进一步对隐性记忆测量进行了划分，分为知觉隐性记忆和概念隐性记忆（Tulving & Schacter，1990），并且发现并非所有的隐性记忆都不受分散注意力任务的影响，对于概念隐性记忆而言，注意力分散同样存在负向作用（Mulligan, 1997, 1998; Mulligan & Hartman, 1996）。因此，也从侧面证明了个体的记忆效果确实受到了注意力的正向影响作用。

结合之前关于视觉边界对注意力分布的作用，我们认为，视觉边界阻碍了个体视觉扫描，从而将注意力限制在页面的最初浏览位置上，最终导致对这部分页面信息的记忆效果更好。再次重申，对横向视觉边界而言，最初浏览位置为页面上半部分；而对纵向视觉边界而言，最初浏览位置为页面左半部分。基于此，本书提出以下假设。

H3：相比于无视觉边界，视觉边界提升个体对最初浏览位置上的信息的记忆效果。

H4：注意力分布在视觉边界和记忆效果的关系中起中介作用。即相比于无视觉边界，视觉边界引导个体的注意力集中于最初浏览位置，从而更好地记忆该位置上的信息。

3.2.4　人际关系距离与祝福传达意愿

人际关系距离是一个多层次概念，它会导致一系列的行为、情绪及认知的结果变量（Tu et al., 2016）。具体而言，在行为层面上，越是亲密的人际关系越能促进互动行为的频率、强度和多样性（Berscheid et al., 1989）。在情感层面上，越是关系亲密越可以增加对另一方的喜欢和爱（Rubin, 1970）。在认知层面上，关系的亲密程度被描述为一种存在于个体意识中的个体将他人纳入自我之中的程度（Aron et al., 1991; Aron & Fraley, 1999）。以往研究也提及赠与者对自身与接收者之间的感知关系距离，亲密或者疏远，会影响他们赠送礼物的意图和行为。例如，赠送者更加关心互惠原则是否被遵守，更不愿意单方面提供利益给接收者，当赠送者感知到彼此之间的关系是较为疏远而非亲近时（Batson, 1991; Clark & Mills, 1979）。究其原因，这是源于赠送者对送礼结果的不同的心理预期，以及由此导致的不同的赠送准则，即面对亲密的接收者，赠送者遵循的赠送原则是"符合接收者需求"；而面对疏远的接收者，赠送者的原则变为"在未来获得相应的反馈"（Buunk & Schaufeli, 1999; Clark & Mills, 1993; Morton, 1978）。

人际关系距离在认知层面的影响不仅停留在赠送礼物的意图和行为，而

第 3 章 研 究 设 计

且更可能影响个体对他人感知的预判，特别是对"祝福"这类特殊信息的感知。因为不同的人际关系距离会带来不同程度的赠送者传达祝福的意愿。如阿伦和弗雷利（Aron and Fraley，1999）所述，主观的亲密感是由"将他人纳入自我"的认知程度决定的，导致的结果就是，相比于近的人际关系，远的人际关系往往意味着对目标接收者必要知识的不可得，从而在为其挑选礼物时缺乏信心，不确定对方对礼物态度及彼此关系可能因礼物而发生的变化（Baskin et al.，2014；Givi & Galak，2017；Zhang & Epley，2012）。为了弥补这种不确定，赠送者产生了向接收者强化祝福的意图，希望接收者可以"透过"礼物的物质形式看到祝福的本质（Batson et al.，1997；Cialdini et al.，1997）。以往研究也提供一定的相关证据，例如，对于关系远的接收者，赠送者试图通过赠送昂贵的礼物来表达体贴和心意，即使接收者总是低估礼物的价值（Flynn & Adams，2009）。基于以上分析可推测：对于亲密的接收者，赠送者对接收者的了解更详细，更多地考虑"礼物本身是否能满足接收者的需求"；反之，对疏远的接收者，赠送者对接收者的偏好信息是缺乏的，更加试图传达"情感"而非礼物实质以拉近彼此关系，因此，他们关注的是"让接收者感知到礼轻情意重"。因此，本书提出增加赠送者和接收者之间的人际关系距离会激发赠送者去强调他们的祝福。

3.2.5 视觉边界与感知祝福强度

现有包装设计领域的相关研究指出，视觉边框在提升个体美学、受保护、受约束等感知上具有积极作用（Fajardo et al.，2016；Sevilla & Townsend，2016）。例如，申克曼和琼森（Schenkman and Jönsson，2000）与王等（Wang et al.，2011）均指出，产品展示图片周边设置视觉边框会增加个体对该产品的美学感知。而法哈多等（Fajardo et al.，2016）则关注于视觉边框的象征意义，认为视觉边框会依据环境的感知危险程度而传达出个体"受约束"或"受保护"的感知。但是，考虑到礼物与一般商品在本质上的区别，即赠送者将其作为"自身的一部分"传递给接收者（Aknin & Human，2015），并在传递过程中培育和稳固关系（Segev et al.，2013），上述有关视觉边框在一般商品领域得出的结论并无法完全适用于礼物包装领域。主要原因在于，上述结论提及的美学、保护或约束等感知均只涉及个体自身，而在消费者选择礼物时，他们不会仅仅基于自身的感知信息来作出决策，他们更需要对他人的感知进行预判。

并且礼物包装的祝福语具有其特殊性，即赠送者和接收者对其的重视和理解会产生差异。原因在于，赠送者更关注赠送礼物的"可取性"，是结果导向的，从而更加关注通过祝福信息传达心意的功能；相对地，接收者则更重视赠送礼物的"可行性"，是过程导向的，从而他们更关心礼物本身而非祝福心意（Baskin et al.，2014；Rim et al.，2019）。赠送者在选择礼物时会试图从接收者的视角来理解礼物，因此，他们不仅会担心自己的礼物不符合接收者需求，也会担心自己的祝福不被感知，而通过视觉边框强调祝福信息恰恰可以弥补赠送者的担忧。正是基于祝福信息在礼物赠送中的特殊性质，本书将研究重点放在"被用于包围祝福信息的视觉边框"，即视觉祝福边框。关于视觉边框是如何强化祝福信息的感知强度，本书做出如下推论。

根据之前关于视觉边界与注意力关系的论述可知，由于视觉边框具有与线条型视觉边界类似的表征着"停止""显著"的信号功能（Burris & Branscombe，2005；Cutright，2012），因此，它会吸引更多的注意力到框架的内容物上，并且阻碍注意力转移到边框之外的对象上（Bestgen et al.，2013；Lin et al.，2015；Masakura et al.，2010）。最终导致个体在框架内的目标内容物——祝福信息上投入更多的注意力资源。而且，更多的注意力资源会导致视觉边框内的祝福信息被感知更具强度（Message Strength），从而更能有效地传达出"礼轻情意重"的心意。

基于个体推断理论（individual inference theory），本书提出更多的注意力集中于祝福信息，会让个体推断该祝福信息的强度更大。该理论认为，人们长期通过日常的观察和体验会积累出一种"如果－就"的类因果联系（L. Huang & Lu，2016；Kardes et al.，2004），即使无法确定这种因果联系的真实性。而且一旦该"如果－就"的类因果链产生，那么它还可能被过度泛化（Kardes et al.，2018）。具体而言，在日常生活中，因为规模大的目标对象，如面积大的广告牌、身材壮硕的人，会吸引更多的注意力，所以个体就会在"大"与"引人注意"之间建立一种认知上的联系；结果导致个体一旦碰到"引人注意"的对象，就会错误地归因于其规模"大"，如色彩明亮的物品，相比于其他特征均一致但色彩不明亮的物品，前者吸引注意力让人感觉它更大。同样地，形状新奇的物品，相比于其他特征均一致但形状普通的物品，前者同样吸引注意力让人感觉规模或容量更大（Folkes & Matta，2004；Hagtvedt & Brasel，2017）。

这种"如果－就"的类因果联系同样发生在"引人注意"与"感知强度"之间。由于个体在日常生活中经常可以体会到一个强而有效的目标对象，总会吸引个体的注意力，例如，奢侈品、高档汽车、一位精英打扮的人，一旦它们出现个体的注意力总是被其吸引。因此，通过日积月累的过度学习，个体建立了"吸引注意"与"感知强度"之间的联系，并据此推测被视觉边框包围的祝福语的信息强度更大，即使这种感知强度并不是来源于信息本身，而是来源于一个"无关"的设计元素－视觉边框（Y. Huang et al.，2019；Y. Huang et al.，2018）。综合以上分析，本书提出研究假设。

H5：扩大赠送者与接收者之间的人际关系距离将提升赠送者对具有视觉祝福边界设计的礼物的选择概率。

H6：感知祝福强度在人际关系距离与视觉祝福边界对礼物评价的交互影响中起中介作用。即当人际关系远时，视觉祝福边界（相比于无视觉边界）提高了个体的感知祝福强度，从而促进了对礼物的积极评价；相反，当人际关系近时，该交互效应对感知祝福强度及后续的礼物评价的积极影响均被抑制。

3.3 实验方法

本节主要针对本书中使用的相关测量方法进行说明。在本书的实证分析中，研究人员使用了眼动测量方法对注意力分布进行了分析，以确定视觉边界对个体注意力分布的影响。并且研究人员采用了在营销领域较常使用的显性记忆测量，回忆和识别，对个体产品品牌与属性信息的记忆效果进行了测量，以确定视觉边界对个体记忆效果的影响。

3.3.1 眼动测量方法

个体为了捕捉视觉刺激物信息，需要移动眼睛进行扫描处理。在个体对周边环境进行视觉扫描时，个体感知到的是一个连续而稳定的成像过程，但

视觉边界对消费者感知数量、信息记忆及礼物选择行为的影响

事实上，个体的眼睛是处于两种类型的持续运动中：一种是引导中央凹区域特定刺激物，我们称之为"眼跳"（saccades）；另一种是保持中央凹对特定刺激物的持续关注，我们称之为"注视"（fixations）（Jiang et al., 2014; Rayner et al., 2001; Russo & Leclerc, 1994）。中央凹区域拥有高密度的神经元，因此，是高视觉灵敏度的区域，它覆盖的视野虽然占据不到全视野的8%，但却提供了大脑处理的全部视觉信息的50%。相对的，中央凹旁和中央凹周边的神经元密度较低，因此，落于该区域的视觉刺激物只能在较低的分辨率下被探查，并且随着刺激物与中央凹的偏心率增大，它在人眼中变得模糊不可见（Rayner, 1998; Wedel & Pieters, 2008）。在"注视"状态中，个体的眼睛运动是相对静止的，通常可以持续200~500毫秒，此时刺激物被投射到中央凹上，并进行详细的视觉处理，也就是说，在"注视"状态下，个体获取了目标对象的详细视觉信息。在"眼跳"状态中，个体的眼睛处于快速弹跳的过程，通常持续时间为20~40毫秒，其目的在于搜索"兴趣点"以确定下一次注视的位置，这个动作是人体可以完成的最快动作（Pieters & Warlop, 1999; Wedel & Pieters, 2008; Zhao, Gersch, et al., 2012）。

值得注意的是眼动过程恰恰反映了注意力分布情况。这是由于视觉神经传输给大脑的视觉信息远远超出了大脑的处理能力，因此，人脑进化出了一种注意力选择机制，能够选择相关信息子集进行精细化处理（Anderson & De Palma, 2012; Janiszewski et al., 2013; Theeuwes, 1993）。个体通过"眼跳"寻找下一个注视点位置，并在眼跳过程中获取视觉刺激物的概括性信息；通过"注视"提取视觉刺激物的详细信息（Rayner, 1978）。个体"注视"和"眼跳"的模式综合形成扫描路径（Noton & Stark, 1971b），眼动仪通过红外角膜放射法记录这些模式，从而获取个体的眼动信息（Eraslan et al., 2016; Pieters & Warlop, 1999; Scott et al., 2019）。具体而言，眼动仪是如何确定这些指标呢？这就需要对个体的眼动过程确定一个最基本度量，即在某一特定时刻眼睛注视的位置点。眼动仪以某个标准（一般而言，该标准是以200~300毫秒为最小持续时间）设置阈值，来确定位置指标，并把该位置指标映射到视觉刺激物上。个体的每一个注视点都代表着个体注意力所在的位置，但是具体分析时则需要基于某个兴趣区进行。兴趣区（AOI）是研究人员根据研究目的确定的感兴趣的视觉刺激物的一部分，由

第3章 研究设计

研究人员自行定义。定义 AOI 的过程就是对被研究的视觉特征对象进的圈定过程。例如，当研究人员主要针对产品品牌标识进行研究时，可以围绕品牌标识周围区域圈定一个 AOI，当然被试不会知道该 AOI 的存在。划定 AOI 是收集和分析眼动数据的一个重要部分，因为所有的测量指标都是针对某一 AOI 中固定的注视点情况而设定的。眼动仪会通过特定的算法将被试产生的各个注视点分配给各个 AOI，最终提供给研究人员的就是基于兴趣区的各种指标值。常用的指标或工具包括：（1）注视点个数（fixation count），是指落入某个 AOI 内入的注视次数，越是显著吸引注意力的 AOI 越是被频繁地关注；（2）总注视时长（total fixation），是指落入某个 AOI 内的各个注视点合算的总时长，总注视时长是与搜索效率呈负相关的，总注视时长越长往往意味着对该区域的信息处理得越精细化，同时也反映出任务的难度，需要个体更高的专注度；（3）扫描路径（scan path），是连接各个注视点的眼跳序列，可以用来测量视觉刺激物的组织效率，可以想象面对一个无序、无逻辑、组织效率低的视觉刺激物，个体为了处理它将不得不重复循环地眼跳，扫视过更长的路径；（4）热点图或注视点图则是将个体在视觉刺激物上的眼动表现可视化，它可以由单个被试的眼动表现呈现出来，也可以是多个被试的叠加呈现，这种工具有利于研究人员对比不同情况下，各组被试的综合眼动表现（Li et al., 2016; Pieters & Wedel, 2007; Scott et al., 2019; Wedel & Pieters, 2008）。当然，研究人员也应该根据自身的研究目的，灵活地使用各种指标或工具，对各指标进行更细致的分析。

本书后续的实证研究中使用眼动追踪来测量个体的注意力分布情况，是在充分考虑了该技术的优势和劣势的前提条件下进行的。相比于传统的自我报告测量方式，眼动追踪作为一种心理生理学技术更少地依赖于意识反应和记忆，因此，增加了不完全依赖于意识层面的注意力测量，也同时减少了因记忆偏差带来的不可控问题，从而增加了测量的有效性。但是，本书也注意到这种技术可能带来的问题，并采取适当措施予以解决。首先，当被试被要求浏览视觉刺激物时，与该刺激物相关联的心理知觉也会被同时激发，因此，只有当被试不完全具备该刺激物的先前知识时，我们才有理由认为"缺乏注视意味着未能意识到它"。对此，本书在实证研究设计时均采用虚拟的品牌或产品信息，以确保眼动测量的准确性。其次，眼动追踪需要在特定的实验室内完成，被试对象可能对研究目的有更多的意图猜测，这种有意识地完成任务也会影响数据的准确性,因此,对于每个眼动实验,本书均给予被试一个较为可信的封面故事,例如,告知被试"我们是在对广告设计的合理性和适用性进行评价",消除被试对实验真实目的的猜测。

3.3.2 记忆测量方法

如文献回顾中提及的,以往的研究将记忆分为显性记忆和隐性记忆(Musen & Treisman, 1990; Rovee Collier et al., 2001; Shapiro & Krishnan, 2001)。随后,在心理学领域也发展了各种基于隐性记忆和显性记忆的测量研究。具体分为两个大类:一种是传统的测量,这些测量方式是直接的、显性的(Mulligan, 1997; Mulligan & Hartman, 1996; Richardson‐Klavehn & Bjork, 1988)。测试的效果是基于被试对发生在某一特定时空背景下的事件的认知,个体可以有意识地利用先前经验获得的知识来完成任务。主要包括自由回忆(free recall)、线索回忆(cued recall)、识别(recognition)。自由回忆是指提供给被试相应的知识,供其学习后,让其在未提供任何回忆线索的条件下自由检索,并尽可能地回忆之前学习的知识(Slamecka, 1968, 1969)。线索回忆则是在自由回忆的基础上,提供一定的知识线索供被试检索,随后让被试回忆、报告之前学习的知识(Lewis, 1971; Nobel & Shiffrin, 2001)。而识别则是让被试根据之前学习的知识,在干扰信息的参与下,对提供的信息进行判断,判断该信息是否为先前学习的知识或是干扰信息(Haist et al., 1992; Ratcliff & Murdock, 1976)。值得注意的是,"识别"相比于"回忆"会表现出更好的记忆效果,因为"回忆"需要经过两个步骤,先独立地检索某个具体的信息,然后识别该信息以确保其准确性,而"识别"则越过了"检索",仅完成后一步,因此,消耗更少的认知资源(Lynch & Srull, 1982)。

但是,传统的测量并没有穷尽个体所有可能的记忆表现。因此,一些新的、间接的、隐性的测量方式被开发。隐性记忆测量的主旨思想在于:个体在测试前被指示的信息仅仅指向当前的任务,使得个体在未意识到当前任务与先前经验关系的前提下完成当前任务,通过对比有先前经验组和无先前经验组在记忆效果上的表现差异来完成隐性记忆测量(Mulligan, 1998; Mulligan & Hartman, 1996)。常用的隐性记忆测量可以分为以下四类:(1)事实

第 3 章 研 究 设 计

性、概念性、词汇性、感知性知识测量。(2) 程序性知识测量，即对行为熟练程度和问题解决程度的测量。(3) 评价响应测量。(4) 生理反应和条件反射测量 (Richardson – Klavehn & Bjork, 1988)。其中，较常使用的是第一类测量方式。具体包括以下几种测试：在事实性和概念性测验中，主要任务包括一般性知识检索、生成语义分类、生成刺激关联、验证类别，等等；在词汇性知识测量中，主要任务包括词汇判断、单词命名（从定义描述中生成词汇）、单词检索、残词补全，等等；在感知性知识测量中，主要任务包括词汇知觉识别、图片知觉识别、残图知觉识别，等等 (Brown et al., 1984; Carroll et al., 1985; Eich, 1984; Graf & Schacter, 1985; Hampton, 1984; Kihlstrom, 1980; Metcalfe & Fisher, 1986; Richardson – Klavehn & Bjork, 1988; Roediger & Blaxton, 1987)。

值得注意的是，显性测试和隐性测试之间存在一个重要的区别依据，即个体在处理过程中采用的是自动模式或控制模式 (Mulligan, 1997)。控制模式的编码过程是需要注意力资源的参与，而自动模式则较少需要甚至无须注意力资源参与编码过程 (Eich, 1984; Fisk & Schneider, 1984)。以往研究发现，未能引起关注的刺激物在随后的显性记忆测量中不被记忆保留，但是在随后的隐性记忆测量中有记忆表现上的差异 (Bornstein et al., 1987; Merikle & Reingold, 1991)；并且在个体记忆编码过程中分散个体的注意力会损害显性记忆测量的表现，却不会对隐性记忆测量表现产生影响 (Bentin et al., 1995; Kellogg et al., 1996)。可见，隐性记忆测量的任务执行表现主要反映了自动编码过程，而显性记忆测量的任务执行表现则主要依赖于注意力资源的编码过程。另外，隐性记忆测量的可靠性还存在一定的争议，主要问题在于隐性记忆测量过程中容易受到意识污染，其显示的效果差异不能完全归因于隐性记忆（程灶火、王湘，2003）。

考虑到本书中探讨的视觉边界对信息记忆影响的内在机制是注意力资源分布，因此，本书在实证研究部分主要采用显性记忆测量，即回忆和识别。在营销环境中，消费者对产品品牌或属性等相关信息的记忆，会直接影响消费者的消费选择和消费行为 (Lynch & Srull, 1982; Pechmann & Stewart, 1990; Yoo, 2008)。因此，本书的实证研究采用"回忆品牌信息"和"识别属性信息"的方式来测量消费者信息记忆效果。

3.4 实验前测

本书进行了两项前测实验。有两个主要目的：（1）通过简化的实验材料设计，证明无论是直线型或是曲线型视觉边界均会对个体感知产生影响，从侧面论证了视觉边界对注意力可能产生的作用，为后续采用更为复杂的实验材料进行研究提供一定的指导；（2）通过在现实场景中观察和记录消费者对广告信息的浏览情况，对实验中"材料展示时间"这一重要的实验设置指标进行测量，指导后续实验设置，以确保实验的条件更加接近真实环境。

3.4.1 前测1：简单图形测验

前测1初步验证视觉边界对个体感知图形面积大小的影响。在本实验中，实验人员使用较为简单的图形作为实验材料，验证视觉边界对消费者感知图形面积的影响，从而为后续实证分析提供方向。

3.4.1.1 实验设计

本实验为单因素（视觉边界：有 vs. 无）组间实验设计。实验材料选取了简单的矩形图，采用2组不同的实验材料，进行了两轮测验。在第一轮实验中，收集了62个样本，在第二轮实验中，收集了78个样本，被试在完成实验后可获得1元人民币的奖励。实验材料的设计：在有视觉边界的组内，被试浏览到的矩形图的内部存在一条将矩形图进行简单分割的线条；在无视觉边界的组内，被试浏览到的矩形图的内部为空白，不存这样一条分割型线条（详见附录一）。

3.4.1.2 实验流程

在每轮实验开始前，被试被随机分配到两个实验组中。实验人员告知被试本次实验的任务是估计一个简单矩形的面积大小。随后，实验人员向每组被试展示了一个矩形图，并且向被试说明一单位面积大小的具体样例，然后要求被试根据该样例的大小,从 4 个选项(分别是 14.2 单位、14.8 单位、15.4 单位、16.2 单位)中选取一个他(她)认为最接近矩形实际面积的估计值。

在本实验中,我们对实验的结果进行了简单的编码。根据 4 个选项数值的大小顺序编码,即当被试认为矩形面积最接近的数值是 14.2 单位时,我们将其编码为"1";以此类推,当被试选择 14.8 单位时,我们将其编码为"2";当被试选择 15.4 单位时,编码为"3";当被试选择 16.2 单位时,编码为"4"。

3.4.1.3 实验结果

实验结果与我们预期的一致。在第一轮测验中,无视觉边界的矩形面积($M_无 = 2.84$;$SD = 1.13$)被感知大于有视觉边界的矩形面积[$M_有 = 1.94$;$SD = 0.85$;$F(1, 60) = 12.63$,$p < 0.01$;partial $\eta^2 = 0.09$]。同样地,在第二轮测验中,无视觉边界的矩形面积($M_无 = 2.38$,$SD = 1.02$)被感知大于有视觉边界的矩形面积[$M_有 = 1.90$,$SD = 0.68$;$F(1, 76) = 6.19$,$p < 0.05$;partial $\eta^2 = 0.06$],具体结果如表 3.1 所示。

表 3.1　　　　　　　视觉边界对感知矩形面积的影响

两轮实验	有视觉边界	无视觉边界
感知矩形面积大小(第一轮)	1.94[a] (0.85)	2.84[b] (1.13)
感知矩形面积大小(第二轮)	1.90[a] (0.68)	2.38[b] (1.02)

注:上标中没有重叠字母的横向单元格数据之间的差异 $p < 0.05$。

3.4.1.4 实验讨论

前测的结果为我们的后续研究提供了指导性方向。在本前测中,我们虽未能直接证明视觉边界对消费者注意力分布的影响,但却证明了视觉边界确实对个体的感知造成了影响。

3.4.2 前测2：广告浏览时间田野测验

现实场景中，消费者对广告的参与度和关注度都很低，原因在于海量的广告信息已经远远超出了消费者愿意且能够处理的范围。因此，商家逐渐意识到若希望广告达成期望效果，就应该快速、准确地抓住消费者有限的关注。为了让后续的实验更加拟合现实的营销场景，我们通过一个小型田野实验来证明消费者确实对广告信息的浏览时长是有限的，并测量现实场景中消费者愿意在广告上花费的具体浏览时长。并以该实验的结果指导后续的实验设计，即在实验中通过设定时间压力。在实验中设置时间压力，也在一定程度上防止被试在实验环境中会认真地数清楚数量信息，而不是用感知去估计数量信息。

3.4.2.1 实验设计及流程

本实验使用视频影像记录消费者实际浏览广告传单的情况，并通过视频分析对消费者的广告浏览时长进行简单的描述性统计，得出相关结论。研究人员和福建省某家珠宝店合作，参与该商家举行的"皮卡丘在行动"促销活动，该活动的目的在于对该商家新推出的时尚珠宝进行促销，活动开展的方式是工作人员装扮成卡通形象"皮卡丘"，在商业区向来往的路人发放宣传单，宣传单的具体内容如图3.2所示。

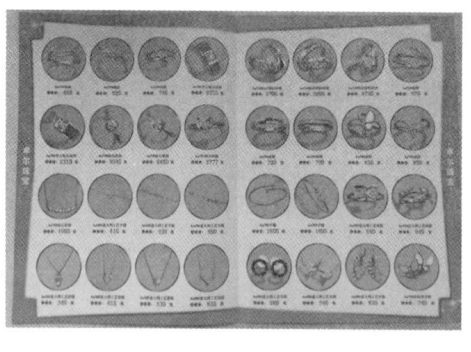

图3.2 实验材料宣传单

具体的实验流程及安排如下：首先，在活动进行的过程中，商家的工作人员装扮为皮卡丘，在商业街区向来往的路人发放传单。三名研究人员以拍摄"活动宣传片"为背景故事，持摄影设备，以一对一全程跟踪摄录的方式，记录了消费者从工作人员手中接过宣传单开始浏览，至视线移开停止浏览的全过程。其次，在记录完成后，工作人员会上前出示证件，留下联系方式，询问被记录对象，是否愿意将其浏览宣传单的影像资料用于学术研究，并向其承诺这些视频资料信息我们会严格保密。如果被试回答愿意，则将其浏览视频进行后续的处理，否则放弃对其浏览视频进行相关处理。最终有27名路人同意我们对其浏览情况进行研究。现场情况如图3.3所示。

图3.3 田野实验现场

在获得视频记录后，研究人员对每个消费者的浏览过程，使用视频分析工具准确地截取并记录消费者从接到宣传单低头开始阅读，到视线第一次离开宣传单的总浏览时长。在开始浏览至视线第一次离开宣传单的这一过程中，消费者已经形成了对宣传单页面信息的整体评价。研究人员对该浏览时长进行了描述性统计分析，确定数据结果的意义。

3.4.2.2 实验结果

实验结果显示，消费者平均停留在宣传单上的时长为6.71秒，其中男性为6.60秒，女性为6.82秒。消费者停留在宣传单上的最长时长为24秒，其中男性为24秒,女性为17秒,如表3.2所示。

表3.2　　　　　　　　消费者宣传单浏览时长　　　　　　　　单位:秒

浏览时长	男性	女性	综合
平均浏览时长	6.60	6.82	6.71
最长浏览时长	24	17	24

资料来源:笔者整理。

3.4.2.3 实验讨论

结果证明,在现实环境中,消费者的广告浏览时长是有限的,如果商家无法在6.71秒内抓住消费者眼球,那么任何广告信息均是无意义的。由本前测的结果可知,消费者对广告的平均关注时长为6~7秒;而最长时长不会超过25秒。由于在实验室中,被试会意识到实验任务的存在,因此,可能会详细地、无限期地浏览广告材料,从而导致实验室内获取结果的效度受到影响。该前测结果可以指导研究人员在后续的实验中增加"时间限制",使实验室中的实验更加接近真实条件。

第4章

视觉边界对消费者感知数量影响的实证研究

本章实证研究的目的在于:从个体感知层面,验证视觉边界对感知数量的影响,以及视觉注意力的中介作用。

4.1 实验概述

如前所述,本研究假设:视觉边界降低了个体感知数量,注意力起中介作用。研究人员通过六个实验验证了相关假设,并采用各种不同的视觉边界进行操纵,增加了本研究的内部效度。实验一与实验二分别验证了视觉边界影响文字型和图片型内容物数量感知的主效应;实验三通过使用眼动仪记录个体注意力分布情况,验证了注意力的中介作用;实验四采用调节的方式再次验证了视觉边界影响感知数量的内在机制;实验五验证了无论是横向还是纵向视觉边界均可以显著地降低个体感知数量,并且该效应还进一步扩展了后续影响,即提升了消费者的购买意愿以及对商家的评价;实验六验证了无论是否存在时间压力,该效应均存在。

4.2 实验一:视觉边界对感知菜品数量的影响

本实验旨在验证视觉边界对感知数量影响的主效应,即验证假设

H1。在本实验中，我们采用一个更为现实的实验材料——菜单，并旨在论证：有视觉边界的菜单比没有视觉边界的菜单，让消费者感知到更少的菜品。

4.2.1 实验设计

本实验为单因素（视觉边界：有 vs. 无）组间设计。本实验招募了115名在校大学生（59名女性，$M_{年龄}=20$）参与实验，实验完成后，每位被试可获得20元人民币作为奖励。实验材料为"仙居驿酒楼"的菜单，菜单中罗列了79种菜品及各种菜品的价格。在有视觉边界的菜单中，页面中间存在一条用于美化修饰的分割型线；而在没有视觉边界的菜单中，则不存在这样一种设计（见附录二）。

4.2.2 实验流程

首先，告知被试本实验的主要目的。实验人员告知被试，我们受一家餐饮企业的委托，希望通过本次调研了解消费者对菜单设计的观感。随后，被试被随机分配到两个实验组中。

其次，被试具体浏览菜单。考虑到在现实的消费环境中，人们总是面临着快速决策的需要，消费者可能花费很少的时间去浏览广告就做出判断和决策，以往的研究指出，个体平均花费5~7秒以浏览并形成对目标对象的感知（Sundar & Noseworthy，2014）。并且，在前测二中，实验结果显示，消费者浏览广告的时间为6~7秒。因此，在本实验中，我们对被试浏览菜单的时间进行了限制。被试被告知他们浏览菜单的时间是有限的，请在浏览完菜单后根据自身感受回答相关问题。随后，实验人员通过电脑显示屏向被试展示菜单，菜单的显示时间设置为6秒。

最后，被试被要求根据自身真实感受填写问卷。被试报告了对因变量－感知数量的测量，主要有三个题项：（1）你觉得这份菜单一共提供了多少菜品呢？如果你不能提供一个确切的数值，请试猜一个大概的数值；（2）你觉得这张菜单上的菜品丰富吗？（1＝非常不丰富；7＝非常丰富）；（3）你觉得该如何描述这张菜单上的菜品总数呢？（1＝非常少；7＝非常多）。其中，题项（1）生成对"绝对数量感知"的测量，而题项（2）和题项（3）合并（$r=0.53$）得到对"相对数量感知"的测量。最后，被试报告人口统计变量的相关指标情况。

4.2.3 实验结果

本实验的结果支持了假设 H1，即相比于无视觉边界的菜单，在有视觉边界的菜单中被试感知到的菜品数量更少。结果如下：绝对数量感知的结果显示，浏览有视觉边界菜单的被试比浏览无视觉边界菜单的被试猜测菜单中呈现更少的菜品数量 [$M_{有} = 62.12$；$SD = 19.79$ vs. $M_{无} = 69.16$；$SD = 17.99$；$F(1, 113) = 3.85$，$p < 0.05$；partial $\eta^2 = 0.034$]。相对数量感知的结果显示，被试同样在有视觉边界的菜单中比在无视觉边界的菜单中感知到更少的菜品数量 [$M_{有} = 5.43$；$SD = 1.06$ vs. $M_{无} = 5.81$；$SD = 0.91$；$F(1, 113) = 3.82$，$p < 0.05$；partial $\eta^2 = 0.03$]，具体结果如图 4.1 及表 4.1 所示。

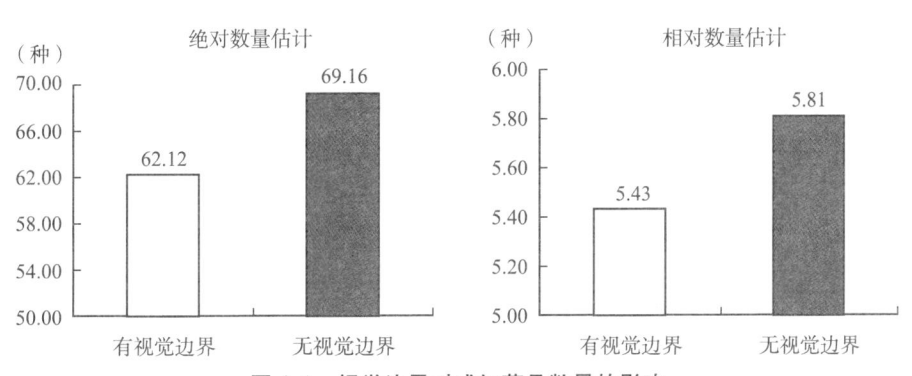

图 4.1 视觉边界对感知菜品数量的影响

表 4.1 视觉边界对感知菜品数量的影响 单位：种

数量估计	有视觉边界	无视觉边界
绝对数量估计（猜测数量）	62.12[a] (19.79)	69.16[b] (17.99)

续表

数量估计	有视觉边界	无视觉边界
相对数量估计（感知数量）	5.43[a] (1.06)	5.81[b] (0.91)

注：上标中没有重叠字母的横向单元格数据之间的差异为 $p<0.05$。
资料来源：笔者整理。

4.2.4 实验讨论

实验一的结果支持假设 H1，证明视觉边界降低了消费者对菜单内菜品数量的感知。但是，以往的研究表明，文字是抽象表征，而图像是具象表征（Amit et al.，2009；2013）。本实验中使用的材料－菜单，虽然不具有语义连续意义，但其主要内容是文字构成，因此，我们考虑在接下来的实验二中采用图形构成的材料，进一步验证主效应。

4.3 实验二：视觉边界对感知相亲候选人数量的影响

首先，实验二与实验一同样旨在验证视觉边界对感知数量影响的主效应，即验证假设 H1。但是，实验一中采用了菜单（文字内容）的实验材料，而在本实验中将采用相亲网站（图片内容）的实验材料，进一步证明视觉边界对感知数量的影响在图片内容的材料上同样有效。其次，由于以往的研究指出，视觉边界会增加页面的美感（Schenkman & Jönsson，2000；Wang et al.，2011），而增加目标对象美感可能导致个体对目标对象感知数量少，因为存在"少而美"的联结效应（Lynn，1992；Petit et al.，2020），因此，在本实验中我们将验证该替代解释。最后，由于以往的研究指出，视觉边界可以通过划分归属、规划秩序来产生影响（Cutright，2012），因此，考虑视觉边界是否会通过提高感知流畅性来影响感知数量，在本实验中我们也将验证该替代解释。

第4章 视觉边界对消费者感知数量影响的实证研究

4.3.1 实验设计

本实验为单因素（视觉边界：有 vs. 无）组间实验设计。本实验招募了 71 名在校大学生（包括 41 名女性，$M_{年龄}=21$）参与实验，实验完成后，每位同样获得 20 元人民币以作奖励。实验材料设计成一个名为"Soul2Match"的相亲网页，菜单中罗列了 70 位相亲候选人的头像信息。在有视觉边界的相亲网页中，页面中间存在一条用于美化修饰的分割型线；而在无视觉边界的相亲网页中，则不存在这样一种设计（见附录二）。

4.3.2 实验流程

首先，告知被试本实验的目的。被试被随机分配到两个实验组中，并且被告知，现今"相亲"是一个热门话题，很多人正在通过相亲网站寻找自己的另一半。因此，我们正在进行一个相亲网站的设计调研，希望他们能对一个相亲网页的设计进行观感评价，并根据自身真实感受回答问题。

其次，被试具体浏览网页。被试被告知他们即将浏览到一个相亲网站，但浏览时间是有限的，请在浏览完网站后根据自身感受作出判断。随后，实验人员通过电脑显示屏向被试展示了网页图片，该网页图片的显示时间设置为 6 秒，6 秒之后页面自动跳转。

被试根据自身真实感受填写问卷。被试报告了对因变量—感知数量的测量，主要有三个题项：（1）你觉得这张网页上一共提供了多少位相亲候选人供你选择呢？如果你不能提供一个确切的数值，请试着猜一个大概的数值；（2）你觉得这张网页提供的相亲候选人丰富吗？（1 = 非常不丰富；11 = 非常丰富）；（3）你觉得该如何描述这张网页上相亲候选人的总数呢？（1 = 非常少；11 = 非常多）。同实验一一样，题项（1）生成对"绝对数量感知"的测量，而题项（2）和题项（3）则合并平均（$r=0.62$）得到对"相对数量感知"的测量。

接下来，被试报告了感知页面设计美感的相关测量，包括三个来自（Blijlevens et al., 2017）的题项：（1）该网页设计得十分美观；（2）该网页设计十分符合大众审美；（3）该网页设计的风格很受用户喜欢。以上题项均采用李克特7级量表（1=非常不同意；7=非常同意），并将该3个题项合并为测量感知美观的指标（α=0.87）。被试也报告了感知流畅性的相关测量题项（Angela Y Lee & Aaker, 2004; H. Shen & Rao, 2016），包括：（1）浏览这张网页，让我有种"就该是这样"的感觉（1=非常不同意；7=非常同意）；（2）你觉得这张网页浏览起来是否通顺？（1=特别不顺；7=特别通顺）；（3）你觉得处理这张网页上的信息难易程度如何？（1=非常难；7=非常容易）；（4）浏览这张网页，让你感觉有多愉悦？（1=非常不愉快；7=非常愉快），同样地，以上四个题项合并平均为"感知流畅性"指标（α=0.84）。最后，被试报告了人口统计变量的相关指标。

4.3.3 实验结果

第一，感知数量。本实验的结果再次支持了假设H1，即相比于无视觉边界的相亲网站，在有视觉边界的相亲网站中被试感知到更少的相亲候选人数量。具体结果如下：（1）在绝对数量估计上，被试在有视觉边界的相亲网站上比无视觉边界的相亲网站上猜测网页中展示更少的候选人数量 [$M_{有}=88.52$；$SD=28.06$ vs. $M_{无}=108.03$；$SD=23.14$；$F(1, 69)=10.31$，$p<0.01$；partial $\eta^2=0.130$]。（2）在相对数量估计上，结果显示，在有视觉边界的网页中比在无视觉边界的网页中，被试感知到更少的候选人数量 [$M_{有}=7.09$；$SD=1.37$ vs. $M_{无}=8.46$；$SD=1.22$；$F(1, 69)=19.98$，$p<0.001$；partial $\eta^2=0.225$]，如图4.2及表4.2所示。

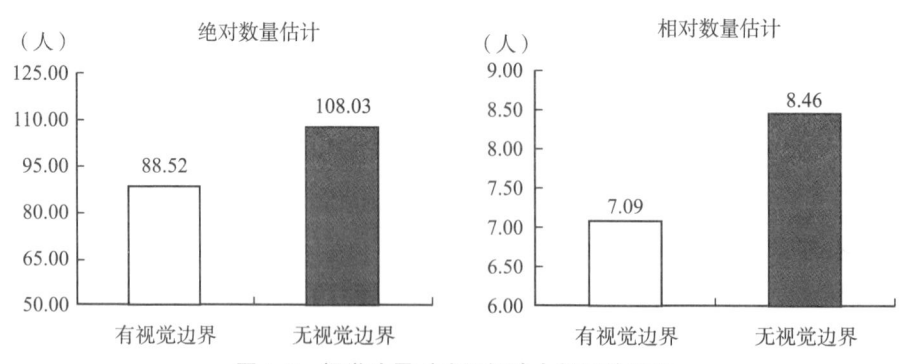

图4.2 视觉边界对感知候选人数量的影响

表 4.2　　　　　　　视觉边界对感知候选人数量的影响

数量估计	有视觉边界	无视觉边界
绝对数量估计（猜测数量）	88.52[a] (28.06)	108.03[b] (23.14)
相对数量估计（感知数量）	7.09[a] (1.37)	8.46[b] (1.22)

注：上标中没有重叠字母的横向单元格数据之间的差异为 $p<0.05$。
资料来源：笔者整理。

第二，替代解释检验。本实验的数据结果证明，视觉边界并不会影响被试对网页设计的感知美观程度 [$M_{有}=3.81$，$SD=1.29$ vs. $M_{无}=3.43$，$SD=1.59$；$F(1, 69)=1.19$，$p=0.28$]，从而排除了感知美观的替代解释。并且通过对感知流畅性指标的分析，结果表明，视觉边界并不会对个体感知流畅性产生影响（$M_{有}=3.39$，$SD=1.97$ vs. $M_{无}=3.55$，$SD=1.20$；$F<1$），从而排除了感知流畅性的替代解释。

4.3.4　实验讨论

实验二的结果再一次支持了我们的假设。证明无论是文字内容还是图片内容的材料，页面中视觉边界的设计均能减少人们对内容的感知数量。另外，在实验二中，我们排除了可能的替代解释——感知美观和感知流畅性。但是，在实验一和实验二中，视觉边界均采用"曲线型"设计，因此，我们将在实验三中进一步论证"直线型"视觉边界也存在相同的效应，并且探索该效应的内在机制，即注意力起中介作用。

4.4　实验三：注意力在视觉边界对感知 App 数量影响中起中介作用

实验三的主要研究目的在于：验证注意力在视觉边界对感知数量的影响中起到了中介作用。再次重申我们的假设，即视觉边界会阻碍个体对页面下

视觉边界对消费者感知数量、信息记忆及礼物选择行为的影响

半部分的信息进行处理,导致个体仅用页面上半部分信息来评估整体页面信息,最终造成对整体内容物数量的低估。并且在本实验中我们使用了直线型视觉边界。

4.4.1 实验设计

本实验为单因素 2(视觉边界:有 vs. 无)组间实验设计。实验招募了 56 名在校大学生(包括 30 名女性,$M_{年龄}$ = 22)参与实验,实验完成后,每位被试获得 20 元人民币以作奖励。实验材料为一个提供 App 小游戏下载的网页,网页中罗列了 107 种 App 的图标。同之前的实验类似,App 网页被设计成两种情况:在有视觉边界的 App 网页中间存在一条用于美化修饰的直线型视觉边界;在没有视觉边界的 App 网页中则不存在这样一种设计(见附录二)。在本实验中,我们同样设计了时间限制,即网页浏览时间为 6 秒。

4.4.2 实验流程

在本实验中,我们采用 Tobii X2-60 眼动记录仪记录数据。实验中确保显示器和眼睛之间的距离为 65~55 厘米,被试可以适当地活动头部。56 名被试被随机分配到两个实验组中。

首先,每位被试是单独参与整个实验过程。在实验开始前,实验人员会引导被试坐在相应的位置上,并告知本次任务是请他们对一个 App 小游戏网页的设计进行观感评价。在实验人员向被试简要说明实验的流程后,被试被要求开始眼动校准任务,即要求被试将注意力集中在计算机屏幕左上角、左下角、右上角、右下角和中间位置依次运行的红色校准点上,从而校准眼球跟踪装置。参加者被告知,这项校准工作是必要的,是用以确保记录数据的有效性。由于在校准过程中,有一名被试的眼动校准记录显示不准确状态,因此,将此条记录删除。最终,在"有视觉边界"的实验组中有 28 条记录;而在"无视觉边界"的实验组中有 27 条记录。

其次,被试在完成校准任务之后,被告知接下来他们将浏览一个 App 网页,并且浏览时间是有限的。在被试表示已经准备好后,屏幕上显示本次

实验的实验材料——App 网页页面，并在 6 秒后自动关闭显示。在此期间内，眼动仪记录了被试的眼动过程数据。

再次，被试被要求根据自身真实感受填写问卷。被试报告了对因变量——感知数量的测量，主要有 3 个题项：（1）你觉得这张网页上一共提供了多少款游戏 App 供你选择呢？如果你不能提供一个确切的数值，请试着猜一个大概的数值；（2）你觉得这张网页提供的游戏 App 种类丰富吗？（1 = 非常不丰富；9 = 非常丰富）；（3）你觉得该如何描述这张网页上游戏 App 的总数呢？（1 = 非常少；9 = 非常多）。题项（1）构成绝对数量估计的测量；题项（2）和题项（3）构成相对数量估计的测量（$r = 0.66$）。随后被试报告了人口统计变量的相关指标。

最后，根据眼动仪记录的被试在网页上花费的时间和眼球运动情况，实验人员进行了编码及分析。首先，我们划分了兴趣区（AOI）。网页可分为 3 个部分，第一部分为网页标题，该部分标注了网页的名称为"ABAB.com 小游戏"以及网页菜单栏；第二部分为网页的主体部分，也是本研究主要关注的研究对象——网页内容物 App；第三部分为网页相关信息，包括"最近更新""关于我们""使用协议"等（见附录二）。其中，网页的第二部分是本研究重点关注的，因此，我们主要针对此部分进行了两个 AOI 的划分，具体地：首先，对于有视觉边界的网页，从标题以下开始，至视觉边界为止，划分为上半部分 AOI；从视觉边界开始，至网页相关信息以上，划分为下半部分 AOI。而对于无视觉边界的网页，也仿照有视觉边界的页面进行类似的"上半部分 AOI"和"下半部分 AOI"划分。其次，本实验主要编码和探讨两个指标：首次注视点位置，即被试在第一眼关注网页时将注视点投入的位置，以视觉边界为界限，当被试将首次注视点放在页面上半部分时，编码为"0"，当被试将首次注视点放在页面下半部分时，编码为"1"；注视时长指标，即被试在每个 AOI 上注视停留的时长。

4.4.3 实验结果

（1）感知数量。本实验的结果再次支持了假设 H1，即相比于无视觉边界的 App 网页，在有视觉边界的 App 网页中被试感知到更少的 App 数量。具体结果如下：对绝对数量估计的结果显示，相比于无视觉边界的网页，被

视觉边界对消费者感知数量、信息记忆及礼物选择行为的影响

试在有视觉边界的网页中猜测有更少的 App 数量 [$M_{有}$ = 103.75；SD = 27.69 vs. $M_{无}$ = 135.04；SD = 29.25；$F(1, 53)$ = 16.61，p < 0.001；partial η^2 = 0.24]。对相对数量估计的测量结果显示，在有视觉边界的网页中比在没有视觉边界的网页中被试感知到更少的 App 数量 [$M_{有}$ = 6.57；SD = 0.66 vs. $M_{无}$ = 7.87；SD = 0.91；$F(1, 53)$ = 37.08，p < 0.001；partial η^2 = 0.41]，结果如图 4.3 及表 4.3 所示。

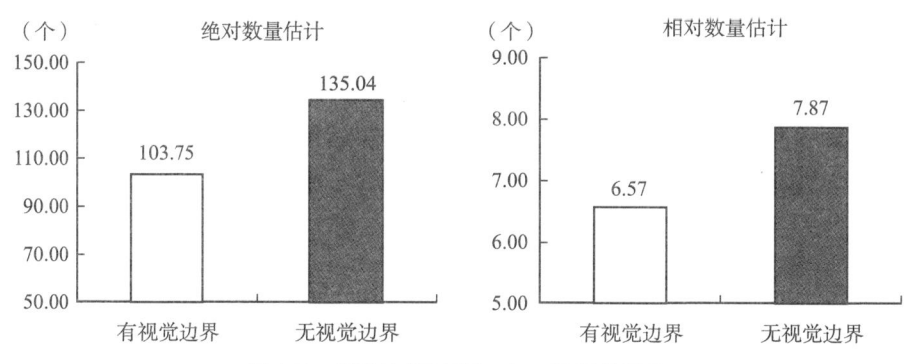

图 4.3 视觉边界对感知 App 数量的影响

表 4.3　视觉边界对感知 App 数量的影响　　　　　单位：个

数量估计	有视觉边界	无视觉边界
绝对数量估计（猜测数量）	103.75[a] (27.69)	135.04[b] (29.25)
相对数量估计（感知数量）	6.57[a] (0.66)	7.87[b] (0.91)

注：上标中没有重叠字母的横向单元格数据之间的差异为 p < 0.05。
资料来源：笔者整理。

（2）注意力分布。对"首次注视点位置"指标的分析表明：相比于无视觉边界的网页（44.44%），视觉边界让被试更多地将首次注视点放置在页面的上半部分 [75%；$\chi(1)$ = 5.35，p < 0.05]，如表 4.4 所示。结果验证了我们对视觉边界引导个体定位首次注视点，更多地将其放置在最初浏览位置上的假设。

第4章 视觉边界对消费者感知数量影响的实证研究

表4.4 视觉边界对首次注视点位置的影响

比率	有视觉边界	无视觉边界
首次注视点出现在页面上半部分的比率	75%	44.4%
首次注视点出现在页面下半部分的比率	25%	55.6%

注:$c^2 = 5.13$,$p < 0.05$。
资料来源:笔者整理。

对"注视时长"指标的分析表明:在总注视时长上,相比于无视觉边界的网页,被试并没有在有视觉边界的页面上停留更多的时间[$M_{有} = 4.60$;$SD = 1.35$ vs. $M_{无} = 3.97$;$SD = 1.53$;$F(1, 53) = 2.60$;$p = 0.11$;partial $\eta^2 = 0.047$]。然而,在页面上半部分或下半部分的注视时长上,有无视觉边界确有显著差异。具体地,相比于在无视觉边界的网页中,在有视觉边界的网页中,被试对网页上半部分的注视时间更多[$M_{有} = 2.95$;$SD = 1.25$ vs. $M_{无} = 1.91$;$SD = 1.25$;$F(1, 53) = 9.33$;$p < 0.01$;partial $\eta^2 = 0.150$]。相反地,相比于在无视觉边界的网页中,在有视觉边界的网页中,被试对网页下半部分的注视时间更少[$M_{有} = 0.31$;$SD = 0.42$ vs. $M_{无} = 0.60$;$SD = 0.58$;$F(1, 53) = 4.31$;$p < 0.05$;partial $\eta^2 = 0.075$]。如表4.5所示。

表4.5 视觉边界对页面上/下半部分注视时长的影响　　　　　单位:秒

时长	有视觉边界	无视觉边界
对页面下半部分的注视时长	0.31[a] (0.42)	0.60[b] (0.58)
对页面上半部分的注视时长	2.95[a] (1.25)	1.91[b] (1.25)

注:上标中没有重叠字母的横向单元格数据之间的差异为$p < 0.05$。
资料来源:笔者整理。

图4.4所示为页面视觉热点图。以上结果表明,相比于无视觉边界的网页,在有视觉边界的网页上个体首次注视点被更大概率地引导向页面上半部分,而视觉注意力也被更多地限制在网页的上半部分,而更少地到达网页的下半部分。由于"注意力未能到达下半部分"直接导致了感知偏差,因此,本书将"对网页下半部分的注视时长"作为中介变量,主要探讨它在视觉

视觉边界对消费者感知数量、信息记忆及礼物选择行为的影响

边界对感知数量的影响中的中介作用。

有视觉边界　　　　　　　　无视觉边界

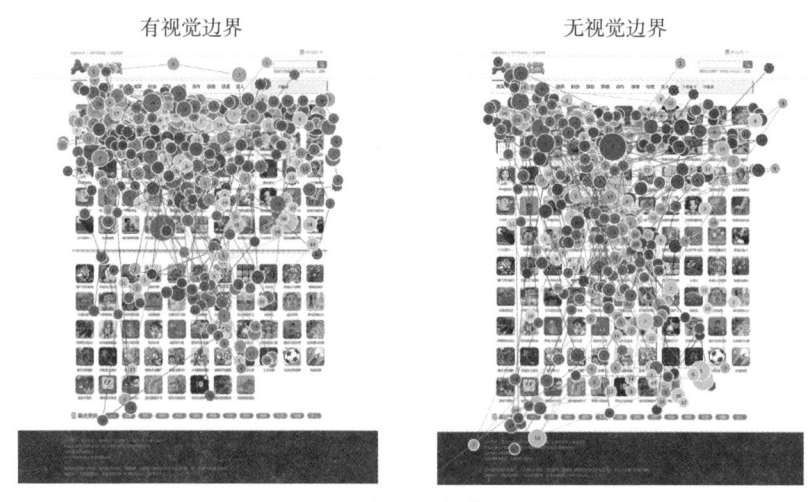

图4.4　视觉注视点图示

（3）中介效应检验。为了验证注意力分布的中介效应，本书使用（Hayes，2013）的（Bootstrapping）中介效应分析方法（model4，5000 resamples）。由于我们对感知数量的测量分为绝对数量估计和相对数量估计，因此，分别进行了两次中介检验。首先，将"视觉边界"（1 = 有视觉边界，0 = 无视觉边界）作为自变量，将绝对数量估计（猜测数量）作为因变量，将注意力分布（对网页下半部分的注视时长）作为中介变量放入模型中进行分析，结果表明，注意力显著地中介了视觉边界对感知数量的影响（$B = -7.21$，SE = 3.38；95% CI：-14.82 to -1.27），支持假设 H2。具体结果如图4.5所示。

间接效应 $\beta = -7.21^a$；CI: [-14.82, -1.27]

注意力分布
（对页面下半部分的注视时长）

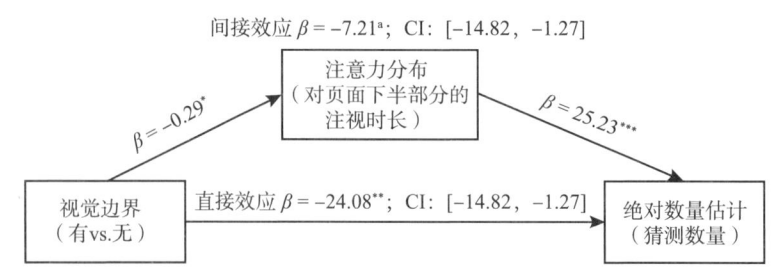

$\beta = -0.29^*$　　　　$\beta = 25.23^{***}$

视觉边界
（有vs.无）　　直接效应 $\beta = -24.08^{**}$；CI: [-14.82, -1.27]　　绝对数量估计
（猜测数量）

图4.5　注意力的中介作用—猜测数量为结果变量

注：$*p < 0.05$，$**p < 0.01$，$***p < 0.001$；a 表明间接效应显著。

第4章 视觉边界对消费者感知数量影响的实证研究

其次,将"视觉边界"(1 = 有视觉边界,0 = 无视觉边界)作为自变量,将相对数量估计(感知数量)作为因变量,将注意力分布(对网页下半部分的注视时长)作为中介变量放入模型中进行分析,结果表明,注意力同样显著地中介了视觉边界对感知数量的影响($B = -0.10$,SE $= 0.07$;95% CI:-0.29 to -0.01),支持假设 H2。具体结果如图 4.6 所示。值得注意的是,将注意力分布(对网页上半部分的注视时长)作为中介变量进行分析未改变目前的结论。

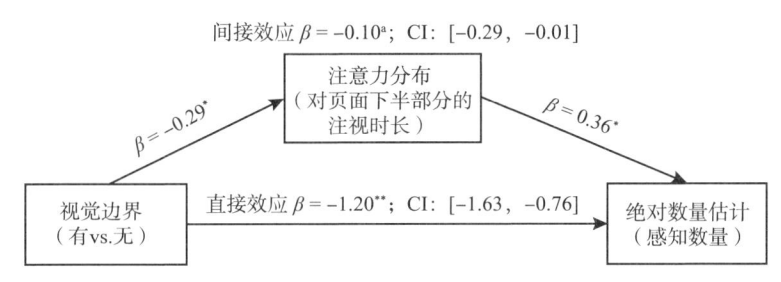

图 4.6 注意力的中介作用—感知数量为结果变量

注:$*p<0.05$,$**p<0.01$;a 表明间接效应显著。

4.4.4 实验讨论

实验四的结果表明,相比于无视觉边界设计,有视觉边界设计的网页会让被试更少地关注网页的下半部分,进而降低了对网页整体 App 的感知数量。实验结果支持了关于注意力中介作用的假设。在本实验中,我们采用了直接测量注意力的方式验证了中介作用。但是通过假设推导,我们有理由相信:如果可以有效地将注意力引导到原来难以到达的位置,如页面的下半部分,吸引个体跨越边界进行视觉扫描,那么可以推测视觉边界对感知数量的影响就会被削弱。因此,我们将在实验五中通过过程调节的方式再次验证注意力的中介作用。

4.5 实验四:注意力引导的调节作用

本实验的研究目的在于:通过调节的方式再次验证注意力的中介作用。

如前所述，本书假设横向视觉边界首先会提示个体"页面有明确的上下之分"，从而引导个体从页面的上半部分开始进行视觉扫描；其次，它阻碍个体跨越视觉边界去浏览页面的下半部分信息，从而导致个体根据页面的局部数量信息来估计整体，造成对整体数量的低估。纵向视觉边界也可以做出类似的推理。如果以上假设是正确的，那么可以推测：当个体的视觉注意力在受到横向视觉边界影响的同时，还能够被有效吸引至页面的下半部分，那么视觉边界对感知数量的影响效应将减弱。实验四通过增加背景颜色来调节个体注意力分布，再次验证该效应的内在机制。此外，之前的实验中均采用中国被试。为了验证本效应同样适用于西方文化背景，在实验四中研究人员通过 Mturk 平台，招募美国被试再次验证本研究假设。

4.5.1　实验设计

本实验为单因素 3（视觉线索：无视觉边界 vs. 有视觉边界 vs. 有视觉边界及注意力引导）组间实验设计。实验招募了 207 名美国成人（包括 99 名女性，$M_{年龄}=38$）在线参与实验。实验完成后，每位被试获得 2 美元以作奖励。实验材料为一张跑鞋产品目录，页面中罗列了 62 种跑鞋。产品目录页面被设计成三种情况：第一，无视觉边界的页面，页面中间不存在任何修饰性元素；第二，有视觉边界的页面，以第一种情况为基础，增加一条横向视觉边界于页面中间位置，用于修饰页面设计；第三，在有视觉边界及注意力引导的页面中，以第二种情况为基础，在页面的下半部分增加了引导注意力的色彩背景（见附录二）。在本实验中，我们同样设计了时间限制，即网页浏览时间为 6 秒。

4.5.2　实验流程

本实验的流程与之前实验基本类似，不同之处在于本实验是在线完成的。首先，被试通过在线平台被告知本实验的目的。被试随机分配至三个实验组中，并要求他们根据自身真实感受对一个跑鞋的产品目录设计进行主观评价。

其次，被试开始浏览该产品目录。在无视觉边界组中，被试浏览的产品目录中陈列了 62 种跑鞋图片，并且图片中未添加视觉边界元素；在有视觉边界组中，被试浏览产品目录广告，跑鞋信息与前一组一致，但整体页面被一条横向视觉边界分割为上下两个部分；而在有视觉边界及注意力引导组中，被试浏览到的产品目录广告是在增加视觉边界设计的基础上，再次对页面下半部分增加了明亮的背景颜色。该产品目录页面在展示 6 秒后将自动跳转。

最后，被试被要求根据自身真实感受填写问卷。感知数量的测量主要通过三个题项：（1）你觉得这张产品目录上一共提供了多少款跑鞋供你选择呢？如果你不能提供一个确切的数值，请试着猜一个大概的数值；（2）你觉得这张产品目录上提供的跑鞋种类丰富吗？（1 = 非常不丰富；9 = 非常丰富）；（3）你觉得该如何描述这张产品目录上的跑鞋总数呢？（1 = 非常少；9 = 非常多）。绝对数量估计的测量由题项（1）构成；相对数量估计的测量通过合并后两个题项（$r = 0.67$）得到。接下来，被试报告了人口统计变量的相关指标。

4.5.3 实验结果

考虑到在线实验中，页面的浏览情况无法被有效控制。虽然设置了 6 秒的浏览时间限制，但仍然存在这样的可能，即由于网速慢等问题，使得有些参与者在页面图片还在刷出的情况下，就被自动跳转了。也就是说，部分参与者可能在页面未曾完整展示时就开始了后续实验流程，因此，实验人员对被试进行了询问，并将其中 28 名报告"未曾等到页面完整展示就开始后续实验流程"的被试剔除出样本，剩余 179 名被试的记录进行数据分析。

实验结果发现，视觉边界的存在会降低个人对页面信息的感知数量，但是若个体的视觉注意力被有效地引导到之前忽视的页面位置，如页面下半部分，则视觉边界对感知数量的影响将被削弱。具体结果如下。

第一，绝对数量估计的结果存在显著的主效应 [$F(2, 176) = 3.52$, $p < 0.05$; partial $\eta^2 = 0.038$]。被试在"有视觉边界的组"中（$M = 80.56$; $SD = 31.33$），比在"无视觉边界的组"中猜测页面展示更少的跑鞋数量 [$M = 94.88$; $SD = 32.52$; $F(1, 176) = 6.27$, $p < 0.05$; partial $\eta^2 = 0.034$]，同样也比在"有视觉边界且有注意力引导的组"中猜测页面展示更少的跑鞋数量 [$M = 91.81$; $SD = 30.41$; $F(1, 176) = 3.87$, $p < 0.05$; partial $\eta^2 =$

视觉边界对消费者感知数量、信息记忆及礼物选择行为的影响

0.022]。而且,后两组,即"无视觉边界组"和"有视觉边界且有注意力引导组"之间无显著差异($F<1$)。

第二,通过对相对数量估计的结果进行分析,显示存在显著的主效应[$F(2,176)=3.24$,$p<0.05$;partial $\eta^2=0.035$]。具体而言,在有视觉边界的网页中($M=7.14$;$SD=1.83$)比在无视觉边界的网页中被试感知到更少的跑鞋数量[$M=7.76$;$SD=1.17$;$F(1,176)=5.12$,$p<0.05$;partial $\eta^2=0.028$]。类似地,在有视觉边界的网页中($M=7.14$;$SD=1.83$)比在有视觉边界且有注意力引导的网页中被试感知到更少的跑鞋数量[$M=7.72$;$SD=1.36$;$F(1,176)=4.43$,$p<0.05$;partial $\eta^2=0.025$]。而"无视觉边界组"与"有视觉边界及注意力引导组"之间无显著差异($F<1$)。数据结果见图4.7及表4.6。实验结果支持假设H2。

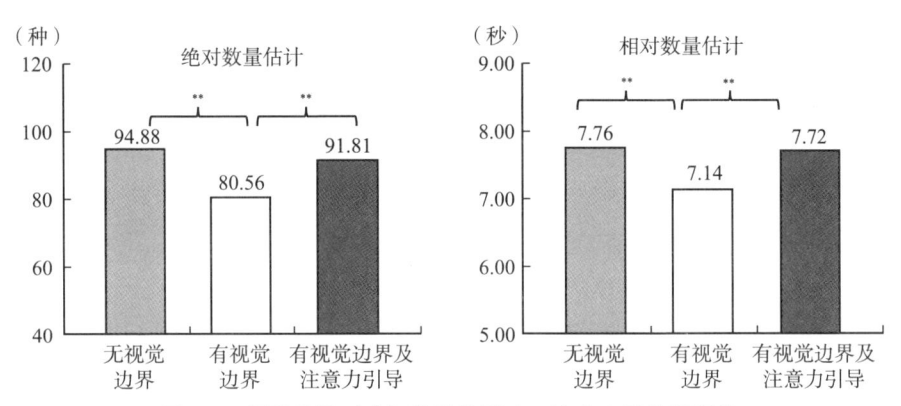

图4.7 视觉边界对感知数量的影响—注意力引导的调节

注:均值间的差异显著性用星号标注(**$p<0.05$)。

表4.6 视觉边界对感知数量的影响—注意力引导的调节作用

数量估计	有视觉边界	无视觉边界	有视觉边界且有注意引导
绝对数量估计	80.56[a] (31.33)	94.88[bc] (32.52)	91.81[bd] (30.41)
相对数量估计	7.14[a] (1.83)	7.76[bc] (1.17)	7.72[bd] (1.36)

注:上标中没有重叠字母的横向单元格数据之间的差异为$p<0.05$。
资料来源:笔者整理。

4.5.4 实验讨论

实验四的结果进一步支持了我们关于注意力起中介作用的假设。证明：虽然横向视觉边界可以有效阻碍个体注意力到达页面的下半部分，但是通过显著线索（如明亮色彩）的引导，可以将个体注意力转移至被忽视的页面部分，从而削弱视觉边界的影响。对于纵向视觉边界可以做出类似的推论。并且，该效应具有普遍性，不仅存在于东方文化中，同样存在于西方文化中。但是在前面的实验中，我们更多地使用横向型视觉边界，因此，在后续实验中我们考虑同时验证横向与纵向视觉边界的作用。并且以往的研究也指出，感知数量会产生后续影响，如消费者对产品或商家的评价，因此，我们将在后续的实验中进一步验证其下游效应。

4.6　实验五：纵（横）向视觉边界对感知数量的影响以及其下游效应

本实验的研究目的主要有两个方面：一方面，在之前的实验中，我们均使用横向的视觉边界以分割产品项目，因此，人们可能会质疑视觉边界对感知数量的影响是否可以扩展至纵向型视觉边界，为此我们设计实验五以验证无论是横向或者纵向视觉边界对感知数量均有相同的影响；另一方面，实验五旨在探讨视觉边界对感知数量影响的营销含义，即其下游效应。也就是说，如果视觉边界的存在确实减小了个体对页面中产品项目的感知数量，那么较低的感知数量又意味着哪些营销应用？

具体而言，以往关于产品包装以及基于货架摆设的稀缺性研究表明，当产品具有低（vs. 高）的数量特征时，个体会认为它更有价值，因为"物以稀为贵"（Castro et al., 2013；Ilyuk & Block, 2015；Parker & Lehmann, 2011；Yan et al., 2014）。低数量和高价值之间的联系基于这样一个客观事实：人们经常会观察到有价值的东西总是供不应求。由于人们会反复观察到这样一个事实，使得这种"低数量＝高价值"的联系变得过度学习，产生一致性联想，甚至在某些实际上并不适用的情况下这种"关联"仍然在个体的意识中保存,并影响他们的判断和决策(Ilyuk & Block,2015;Yan et al.,2014)。因此,我们推断:视觉边界的存在将降低个体对页面中产品项目的感知数量,进而增加他们对这些产品项目的价值性判断,即提升购买动机。

此外,这种影响不仅会扩展到对产品项目本身,也会扩展到产品背后的销售商。以往的研究表明,在网站上稀疏地展示产品(即低数量)的销售商被认为比密集地展示产品(即高数量)的销售商拥有更高的营销实力(Y. Huang et al.,2019;Pracejus et al.,2013;Pracejus et al.,2006)。原因在于,消费者可以从销售商的"低数量"特征推断出该商家愿意"烧钱"来购买更多的页面空间来展示其产品,从而使得产品项目的页面布局很"稀疏",这也反过来增加了个体对销售商企业规模和营销实力的感知(Becker & Murphy,1993;Milgrom & Roberts,1986)。因此,我们推断:视觉边界的存在将降低个体对页面中产品项目的感知数量,进而提高他们对商家的感知规模及营销实力的判断。基于以上分析,实验五中我们将探讨两个下游效应:个体的购买意愿(willing to pay)及感知的商家营销实力(marketing power)。

4.6.1 实验设计

本实验为单因素3(视觉边界:无 vs. 横向 vs. 纵向)组间实验设计。本实验通过在线实验平台招募了413名被试(包括234名女性,$M_{年龄}=23$)参与实验。实验完成后,每位被试获得2元以作奖励。实验材料为一张鲜花束宣传单,页面中罗列了52款花束。该宣传单被设计成三种形式:第一,无视觉边界的页面,页面中间不存在用于美化修饰的视觉边界;第二,存在横向视觉边界的页面,页面中间通过一条横向型的修饰性线条将页面分为上下两部分;第三,存在纵向视觉边界的页面,页面中间存在同款的修饰性线条,但该线条是纵向型的,将页面分为左右两部分(见附录二)。在本实验中,我们同样设计了时间限制,即网页浏览时间为6秒。

4.6.2 实验流程

本实验的流程与之前实验四基本类似,在线完成。首先,被试通过在线平台被告知实验目的,并被随机分配至三个实验组中,请他们根据自身真实感受对一个鲜花预定商店的广告宣传单设计进行主观评价。

其次,被试开始浏览该宣传单。在无视觉边界组中,被试被要求浏览的宣传单中陈列了52款花束,并且这些花束并未被视觉边界分割;在横向视觉边界组中,花束产品项目与无视觉边界组保持一致,唯一的区别在于这些花束被一条横向视觉边界分割为上下两个部分;而纵向视觉边界组中,该视觉边界是纵向的,从而将整体页面分割为左右两个部分。展示6秒后,宣传单页面自动跳出。

最后,被试被要求报告其感知花束数量。感知数量的测量主要通过3个题项:(1)你觉得这张宣传单上一共提供了多少款花束供你选择呢?如果你不能提供一个确切的数值,请试着猜一个大概的数值;(2)你觉得这张宣传单上提供的花束种类丰富吗?(1=非常不丰富;9=非常丰富);(3)你觉得该如何描述该宣传单上的花束总数呢?(1=非常少;9=非常多)。其中,题项(1)构成"绝对感知数量"指标,而题项(2)和(3)则合并成为"相对感知数量"指标($r=0.63$)。接下来,被试报告他们的购买意愿,通过题项"如果此花店就在附近,我将去购买其花束。"(1=非常不同意;9=非常同意)来测量。同时,被试报告了另两个题项:(1)我认为该花店有潜力发展成为全国连锁企业;(2)我认为该花店有潜力发展成为一个知名品牌花店,此两个题项使用9级李克特量表(1=非常不同意;9=非常同意)来测量,并合并构成感知商家营销实力的指标($r=0.74$)。以上对购买意愿及感知商家营销实力的测量均来自普蕾沙丝等(Pracejus et al.,2013)。最后,被试报告了人口统计变量的相关指标。

4.6.3 实验结果

与实验四类似,实验人员根据被试报告的"是否等到页面完整展示后才开始后续实验流程"的题项结果,剔除了54名不合格被试,剩余359名被试的记录进行数据分析。

(1)感知数量。方差分析的结果显示,视觉边界对绝对数量估计的作用显著,主效应存在($F(2,356)=2.98$,$p<0.05$;$\eta^2=0.016$)。具体地,无视觉边界组中的被试估计一个更高的花束感知数量($M=72.88$;$SD=$

30.84），相比于在纵向视觉边界的组中的被试（$M = 63.97$；$SD = 29.61$；$F(1, 356) = 5.54$，$p < 0.05$；partial $\eta^2 = 0.015$），以及在横向视觉边界组中的被试（$M = 66.46$；$SD = 27.47$；$F(1, 356) = 2.90$，$p = 0.09$；partial $\eta^2 = 0.008$）。而且，后两组之间无显著差异（$F < 1$）。

相对数量估计的分析结果也显示，主效应仍然存在[$F(2, 356) = 5.93$，$p < 0.01$；partial $\eta^2 = 0.032$]。具体而言，在无视觉边界的网页中被试感知到更高的花束数量（$M = 8.04$；$SD = 0.97$），相比于在有纵向视觉边界的网页中[$M = 7.59$；$SD = 1.11$；$F(1, 356) = 10.17$，$p < 0.01$；partial $\eta^2 = 0.028$]，以及在有横向视觉边界的网页中[$M = 7.66$；$SD = 1.25$；$F(1, 356) = 7.18$，$p < 0.01$；partial $\eta^2 = 0.020$]。而"纵向视觉边界组"与"横向视觉边界组"之间无显著差异（$F < 1$）。相关数据结果见图 4.8 及表 4.7。

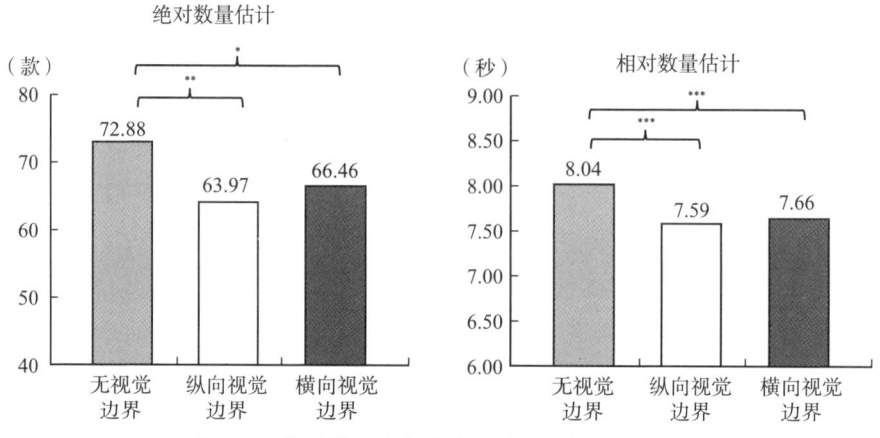

图 4.8 纵（横）向视觉边界对感知数量的影响

注：均值间的差异显著性用星号标注（*$p < 0.10$，**$p < 0.05$，***$p < 0.01$）。

表 4.7　　　　纵（横）向视觉边界对感知数量的影响

数量估计	横向视觉边界	纵向视觉边界	无视觉边界
绝对数量估计（猜测数量）	66.46[bc] (27.47)	63.97[bd] (29.61)	72.88[a] (30.84)

续表

数量估计	横向视觉边界	纵向视觉边界	无视觉边界
相对数量估计（感知数量）	7.66[bc] (1.25)	7.59[bd] (1.11)	8.04[a] (0.97)

注：上标中没有重叠字母的横向单元格数据之间的差异为 $p<0.05$。
资料来源：笔者整理。

（2）下游效应分析。数据显示，以视觉边界为自变量，以购买意愿为因变量的方差分析结果有显著的主效应 $[F(2, 356) = 4.77, p<0.01$; partial $\eta^2 =0.026]$。无视觉边界组的个体报告有一个更低的购买意愿（$M=4.82$；$SD=1.67$），相比于在纵向 $[M=5.41; SD=1.38; F(1, 356) =9.39, p<0.01$; partial $\eta^2 = 0.026]$ 或横向 $[M=5.17; SD=1.46; F(1, 356) =3.31, p=0.07$; partial $\eta^2 =0.009]$ 视觉边界组的个体。而横向与纵向视觉边界组之间无显著差异 $[F(1, 356) =1.52, p=0.22]$。

类似地，以视觉边界为自变量，以感知商家营销实力为因变量的方差分析结果也表现出显著的主效应 $[F(2, 356) = 4.98, p<0.01$; partial $\eta^2 = 0.027]$。在无视觉边界组的个体感知商家拥有更低的营销实力（$M=4.66$；$SD=1.50$），相比于在纵向 $[M=5.22; SD=1.28; F(1, 356) =9.74, p<0.01$; partial $\eta^2 =0.027]$ 或横向 $[M=5.00; SD=1.35; F(1, 356) =3.68, p=0.06$; partial $\eta^2 =0.008]$ 视觉边界组的个体。而横向与纵向视觉边界组之间无显著差异 $[F(1, 356) =1.43, p=0.23]$。下游效应结果详见表4.8。

表4.8　视觉边界对感知数量影响的下游效应

下游效应	横向视觉边界	纵向视觉边界	无视觉边界
购买意愿	5.17[bc] (1.46)	5.41[bd] (1.38)	4.82[a] (1.67)
感知营销实力	5.00[bc] (1.35)	5.22[bd] (1.28)	4.66[a] (1.50)

注：上标中没有重叠字母的横向单元格数据之间的差异为 $p<0.05$。
资料来源：笔者整理。

（3）感知数量的中介作用。考虑到（Hayes，2013）的 process 分析只能针对线性效应的检验，而本研究的自变量视觉边界（无 vs. 横向 vs. 纵向）是三级类别型变量，因此，研究人员分别在排除横向视觉边界组或者纵向视觉边界组的前提下，进行了几个独立的中介分析。首先，在排除横向视觉边界组的样本后（即仅对比无视觉边界组和纵向视觉边界组），研究人员将视觉边界作为自变量，购买意愿作为因变量，而相对感知数量作为中介变量放入模型中进行分析（Hayes，2013；Model 4），结果显示，相对感知数量的中介作用边缘显著（$B = 0.07$，$SE = 0.05$，90% CI：0.00 to 0.16）。同样地，在排除横向视觉边界组的前提下（即仅对比无视觉边界组和纵向视觉边界组），以感知商家营销能力作为因变量，中介效应分析显著（$B = 0.09$，$SE = 0.05$，95% CI：0.00 to 0.20）。其次，在排除纵向视觉边界组的样本后（即仅对比无视觉边界组和横向视觉边界组），以视觉边界为自变量，以购买意愿为因变量，以相对感知数量为中介变量，分析结果显示，中介效应显著（$B = 0.13$，$SE = 0.06$，95% CI：0.02 to 0.27）；同样地，在排除纵向视觉边界组的前提下（即仅对比无视觉边界组和横向视觉边界组），以感知商家营销能力作为因变量，中介效应仍然显著（$B = 0.09$，$SE = 0.05$，95% CI：0.01 to 0.21）。值得注意的是，在以上各独立的中介分析中，若将中介变量替换成绝对感知数量，分析结果并无显著改变，同样支持我们的假设。

4.6.4 实验讨论

实验五的结果：一方面证明了无论横向或者纵向视觉边界均对感知数量具有相同的影响；另一方面，该实验结果为视觉边界的营销实践提供了直接证据，证明了视觉边界通过降低个体感知产品项目数量，从而提高了个体的购买意愿和个体感知的商家营销实力。但是，前面的实验中我们为了更切实地拟合现实场景中消费者浏览广告时间的有限性，对浏览时间进行了控制。因此，在后续的实验中，我们将验证当无时间压力时，效应是否依然存在。

4.7 实验六：时间压力的调节作用

在之前的实验中，我们通过前测确定了消费者在现实场景中浏览广告的平均时长为 6~7 秒。为了更加拟合现实场景，我们以此为依据，在实验一至实验五中设置了 6 秒的展示时间。但是，人们或许会关心如果在没有时间压力的情况下，视觉边界对感知数量的作用还存在吗？为此，我们进行了实验六，本实验的研究目的在于：验证视觉边界对感知数量的影响不受时间压力的调节作用，即在无论是否设置时间压力，视觉边界对感知数量的影响均存在。

4.7.1 实验设计

本实验为双因素 2（视觉边界：有 vs. 无）×2（时间压力：有 vs. 无）组间实验设计。本实验招募了 168 名在校大学生（包括 88 名女性，$M_{年龄}$ = 22.76）参与实验。实验完成后，每位被试获得 20 元人民币以作奖励。实验材料的设计与实验三中保持一致（见附录二）。在浏览网页的时间压力设置上，存在两种情境：第一，有时间压力，即被试同样被限制只能浏览网页 6 秒钟；第二，没有时间压力，即被试可以自由浏览网页。

4.7.2 实验流程

首先，告知被试本实验的目的。被试被随机分配到四个实验组中，并被告知希望他们能对一个 App 小游戏网页的设计进行观感评价。

其次，被试具体浏览网页。在没有时间压力的情境下，实验人员通过电脑显示屏向被试展示网页图片，然后被试可以自由浏览网页；而在有时间压力的情境下，被试被告知浏览时间是有限的，并且网页被设置成显示 6 秒后自动跳转。与实验三一样，在有视觉边界的条件下，被试浏览到有横向视觉边界的 App 网页；而在无视觉边界的条件下，被试浏览到的 App 网页中未出现相应的元素。

再次，被试被要求根据自身真实感受填写问卷。被试报告了对 App 的感知数量，主要通过三个题项：（1）你觉得这张网页上一共提供了多少款游戏 App 供你选择呢？如果你不能提供一个确切的数值，请试着猜一个大概的数值；（2）你觉得这张网页提供的游戏 App 种类丰富吗？（1 = 非常不丰富；9 = 非常丰富）；（3）你觉得该如何描述这张网页上游戏 App 的总数呢？（1 = 非常少；9 = 非常多）。同样地，题项（1）构成绝对数量估计指标，题项（2）和题项（3）合并构成相对数量估计指标（$r = 0.69$）。

最后，被试报告了人口统计变量的相关指标。

4.7.3 实验结果

（1）主效应检验。实验结果发现，视觉边界存在主效应，即相比于无视觉边界的 App 网页，在有视觉边界的网页中被试感知到更少的 App 数量。具体结果如下：在绝对数量估计的题项上，被试在有视觉边界的网页中比在无视觉边界的网页中猜测有更少的 App 数量 [$M_{有} = 104.10$，$SD = 45.54$ vs. $M_{无} = 126.24$，$SD = 41.74$；$F(1, 164) = 10.73$，$p < 0.01$；partial $\eta^2 = 0.061$]。相对数量估计的结果显示，在有视觉边界的网页中比在没有视觉边界的网页中被试感知到更少的 App 数量 [$M_{有} = 5.27$，$SD = 1.31$ vs. $M_{无} = 6.29$，$SD = 1.81$；$F(1, 164) = 17.31$，$p < 0.001$；partial $\eta^2 = 0.095$]。

但是，时间压力不存在主效应。在绝对数量的估计题项上，被试在有时间压力的网页中与在无时间压力的网页中猜测的 App 数量无显著差异（$M_{有时间压力} = 111.85$，$SD = 49.61$ vs. $M_{无时间压力} = 118.49$，$SD = 39.77$；$F < 1$）；同样地，有或无时间压力对被试的相对数量估计无显著影响 [$M_{有时间压力} = 5.58$，$SD = 1.55$ vs. $M_{无时间压力} = 5.98$，$SD = 1.74$；$F(1, 164) = 2.61$，$p = 0.11$]。

（2）调节效应检验。实验结果支持我们的假设，即时间压力并不会在视觉边界对感知数量的影响中产生调节作用。

首先，在对绝对数量的估计中，时间压力与视觉边界之间的交互效应不显著（$F < 1$）。简单对比分析的结果：在有时间压力的条件下，被试在有视觉边界的网页中比在无视觉边界的网页中猜测更少的 App 数量 [$M_{有} = 99.64$，$SD = 52.89$ vs. $M_{无} = 124.05$，$SD = 43.34$；$F(1, 164) = 6.52$，$p < 0.05$；partial $\eta^2 = 0.038$]。在没有时间压力的条件下，被试同样在有视觉边

第4章 视觉边界对消费者感知数量影响的实证研究

界的网页中比在无视觉边界的网页中猜测有更少的 App 数量 [$M_{有}$ = 108.55；SD = 36.89 vs. M = 128.43；SD = 40.49；$F(1, 164)$ = 4.33，$p < 0.05$；$\eta^2 = 0.026$]。

其次，在相对数量的估计中，时间压力与视觉边界之间的交互效应不显著（$F < 1$）。简单对比分析的结果：在有时间压力的条件下，被试在有视觉边界的网页中比在无视觉边界的网页中感知到更少的 App 数量（$M_{有}$ = 5.00；SD = 1.23 vs. $M_{无}$ = 6.17；SD = 1.63；$F(1, 164)$ = 11.51，$p < 0.01$；partial $\eta^2 = 0.066$）。在没有时间压力的条件下，被试在有视觉边界的网页中比在无视觉边界的网页中感知到更少的 App 数量（$M_{有}$ = 5.55；SD = 1.34 vs. $M_{无}$ = 6.40；SD = 1.99；$F(1, 164)$ = 6.21，$p < 0.05$；partial η^2 = 0.036），详细结果如图 4.9 及表 4.9 所示。

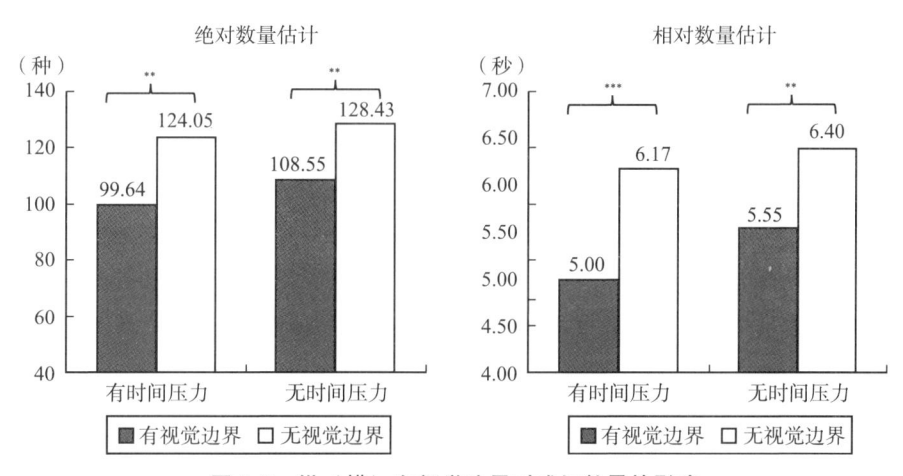

图 4.9 纵（横）向视觉边界对感知数量的影响

注：均值间的差异显著性用星号标注（**$p < 0.05$，***$p < 0.01$）。

表 4.9 时间压力不具调节作用—视觉边界对感知 App 数量的影响

数量估计	有时间压力		无时间压力	
	有视觉边界	无视觉边界	有视觉边界	无视觉边界
绝对数量估计	99.64[ab] (52.89)	124.05[cd] (43.34)	108.55[ac] (36.89)	128.43[bd] (40.49)

续表

数量估计	有时间压力		无时间压力	
	有视觉边界	无视觉边界	有视觉边界	无视觉边界
相对数量估计	5.00[ab] (1.23)	6.17[cd] (1.63)	5.55[ac] (1.34)	6.40[bd] (1.99)

注：上标中没有重叠字母的横向单元格数据之间的差异为 $p<0.05$。
资料来源：笔者整理。

4.7.4 实验讨论

实验六的结果进一步支持了我们的假设，即视觉边界降低消费者的感知数量。并证明了无论是否存在时间压力该效应均存在，即时间压力对主效应不存在调节作用。

4.8 本章小结

在本章中，六组实验为视觉边界对消费者感知数量的影响提供了直接证据，验证了假设 H1、假设 H2。结果表明：视觉边界，无论是纵向型或是横向型，均会对消费者的感知数量产生影响，降低消费者对页面内信息数量的感知，而视觉注意力起中介作用。并且，对中介作用的验证我们即采用了眼动追踪的直接测量方式，也采用了过程调节的方式，同时验证了注意力的中介作用。本研究中，我们同时探讨了视觉边界对感知数量影响的营销含义，即其下游效应，证明了降低消费者感知数量确实提升了消费者的购买意愿和对商家的评价。最后，无论是否存在时间压力，无论信息类型是图片型还是文字型，这种影响都存在。

第5章

视觉边界对消费者信息记忆影响的实证研究

本章实证研究的目的在于：验证视觉边界对信息记忆的影响。将视觉边界的影响后果从感知层面延续到认知层面。

5.1 实验概述

再次重申本研究的假设，横向视觉边界会将个体注意力限制在页面上半部分，进而提升个体对页面上半部分信息的记忆效果；同理，纵向视觉边界会将个体注意力限制在页面左半部分，进而提升个体对页面左半部分信息的记忆效果。本研究通过三个实验室实验及一个田野实验验证相关假设及该效应的后续影响。实验一验证了视觉边界对信息记忆影响的主效应；实验二验证了无论对于横向或者纵向视觉边界该效应均存在；实验三通过眼动测量方式验证个体注意力的中介作用；实验四通过一个田野实验验证了该主效应及其下游效应，即视觉边界通过引导个体更好地记忆页面最初浏览位置（即页面左半部分或者上半部分）的产品相关信息，增加了该部分产品被选择购买的数量。

5.2 实验一：视觉边界对信息记忆的影响

本实验旨在验证视觉边界对信息记忆影响的主效应，即验证假设 H3。

在本实验中，我们采用 Apple Watch 的页面广告作为实验材料，并论证：有横向视觉边界的广告比没有视觉边界的广告，让消费者更多地记住广告页面上半部分的信息内容。

5.2.1 实验设计

本实验为单因素（视觉边界：有 vs. 无）组间实验设计。本实验招募了 68 名在校大学生（包括 37 名女性，$M_{年龄} = 22$）参与实验。实验完成后，每位被试可获得 10 元人民币作为奖励。实验材料为 Apple Watch 的广告，广告页面中罗列了 4 种版本的某品牌智能手表及各款手表的 4 种属性指标。4 种版本的某品牌智能手表分别是：标准版、运动版、定制版、尊享版；4 种产品属性指标分别是：表壳材质、表面材质、表带材质及价格。在有视觉边界的广告中间存在一条用于美化修饰的分割型线；而在没有视觉边界的广告中，则不存在这样一种设计（见附录三）。

5.2.2 实验流程

首先，告知被试本实验的主要目的。实验人员告知被试，本次调研的目的是了解消费者对新推出的某品牌智能手表的偏好。与之前的实验一致，考虑到现实场景中人们更多进行快速决策，并且前人有关广告曝光对记忆影响的研究中，实验操纵广告曝光时间一般设置在 20～30 秒（Bradley et al., 2007；Edwards et al., 2002；Fagan Ⅲ, 1974；Kelting & Rice, 2013），而前测二的数据结果也表明，消费者对广告页面的最长注视时长不超过 25 秒。因此，在正式浏览广告之前，被试被告知他们只有有限的浏览广告时间，为了后续进行有效的产品评价，需要被试需要尽可能地记住相关产品信息。

其次，被试具体浏览广告页面。被试被随机分配到两个组中，即浏览有视觉边界广告组或者浏览无视觉边界广告组，并开始浏览广告。广告页面在电脑中显示的时间设置为 25 秒。

再次，被试被要求根据自身真实感受填写问卷。本研究中，我们采用来自以往记忆研究中的测量方式（Angela Y. Lee & Sternthal, 1999；Lynch &

Srull，1982；Pechmann & Stewart，1990；Richardson – Klavehn & Bjork，1988；Yoo，2008），对因变量采用"回忆（recall）"和"识别（recognition）"两种报告题项。（1）在回忆题项中，要求被试回忆广告内容，然后写下记住的 Apple Watch 的版本名称；（2）在识别题项中，要求被试判断有关 Apple Watch 的产品属性信息的 16 条描述（即广告中展示了 4 款手表，每款手表有 4 个属性指标，因此，针对每款手表的每个属性指标可汇总出 16 条描述）是否正确（见附录三）。通过计算正确率来评估被试的信息回忆绩效。

最后，被试报告了人口统计变量的相关指标情况。

5.2.3 实验结果

实验结果支持了假设 H3，即相比于无视觉边界，有视觉边界的广告让被试对页面上半部分的信息记忆得更好。具体结果如下：（1）回忆型题项，在有视觉边界（vs. 无视觉边界）的广告上，被试对页面上半部分的记忆正确率更高 [$(M_{有}=0.63；SD=0.43$ vs. $M_{无}=0.38；SD=0.37；F(1,66)=6.56，p<0.05$；partial $\eta^2=0.090$]。（2）识别型题项，与回忆型题项的结果相似，在有视觉边界（vs. 无视觉边界）的广告上，被试对页面上半部分的记忆正确率更高 [$M_{有}=0.29；SD=0.16$ vs. $M_{无}=0.19；SD=0.16；F(1,66)=6.34，p<0.05$；partial $\eta^2=0.088$]。而对于页面下半部分的信息记忆效果，视觉边界没有显著的作用（$F_s<1$），具体数据情况如表 5.1 所示。

表 5.1　　　　　　　　视觉边界对记忆正确率的影响

页面部分	正确率	有视觉边界	无视觉边界
页面上半部分的信息	手表版本名称回忆正确率	0.63[a] (0.43)	0.38[b] (0.37)
	手表属性信息识别正确率	0.29[a] (0.16)	0.19[b] (0.16)

续表

页面部分	正确率	有视觉边界	无视觉边界
页面下半部分的信息	手表版本名称回忆正确率	0.41[b] (0.42)	0.46[b] (0.42)
	手表属性信息识别正确率	0.19[b] (0.14)	0.20[b] (0.13)

注：上标中没有重叠字母的横向单元格数据之间的差异为 $p < 0.05$。
资料来源：笔者整理。

5.2.4 实验讨论

实验一的结果支持假设 H3，证明横向视觉边界提高了消费者对广告页面上半部分信息的记忆效果。但是，并未验证纵向视觉边界是否同样可以提高消费者对广告页面左半部分的信息记忆效果。因此，在实验二中我们将采用包含纵向和横向视觉边界的实验材料进一步验证。另外，实验一中我们使用了 Apple Watch 这样一个品牌熟悉度较高的实验材料，尽管产品信息内容是虚构的，但是考虑到个体以往的知识或经验会影响其记忆效果，因此我们将在实验二中使用一个虚拟品牌的系列牙膏材料进一步验证我们的假设，证明该效应的稳固性。

5.3 实验二：纵（横）向视觉边界对信息记忆的影响

本实验旨在进一步验证视觉边界对信息记忆影响的主效应，证明无论纵向还是横向视觉边界均会使得消费者对广告页面信息的记忆带来影响，具体为：纵向视觉边界（vs. 无视觉边界）会使消费者对页面左半部分信息的记忆效果更好；而横向视觉边界（vs. 无视觉边界）会使消费者对页面上半部分信息的记忆效果更好。

5.3.1 实验设计

本实验为单因素（视觉边界：纵向 vs. 横向 vs. 无）组间实验设计。本实验招募了 97 名在校大学生（包括 55 名女性，$M_{年龄}=22.85$）参与实验，实验完成后，每位被试可获得 10 元人民币作为奖励。实验材料为虚拟品牌"COMVITA"系列牙膏的广告，广告中展示了 4 款该系列牙膏及各款牙膏的 5 种属性指标。4 款牙膏分别是：天然牙膏、祛渍牙膏、柠檬牙膏、蜂胶牙膏；5 种产品属性指标分别是：产品规格、产品口味、产品功效、含氟化物及价格。在有视觉边界的广告页面中间存在一条用于美化修饰的分割型线；而在无视觉边界的广告页面中，则不存在这样一种设计（见附录三）。

5.3.2 实验流程

首先，告知被试本实验的主要目的。实验人员告知被试本次调研的目的是了解消费者对"COMVITA"系列牙膏的偏好，为了后续进行有效的产品评价，需要被试在浏览广告后尽可能地记住相关产品信息。同样地，实验人员告知被试他们浏览广告信息的时间是有限的。

其次，被试具体浏览广告。实验人员向三个实验组中的被试分别展示三种广告页面（纵向视觉边界、横向视觉边界或无视觉边界）中的一种。广告在电脑中的显示时间设置为 25 秒，时间到后自动跳转。

再次，被试被要求根据自身真实感受填写问卷。被试在报告了"是否知道该品牌牙膏"后进行相关记忆测量。测量采用了"回忆（recall）"和"识别（recognition）"两种报告题项。在回忆题项中，要求被试回忆广告中的内容，然后写下可以记住的"COMVITA"系列牙膏的名称，如"××牙膏"。在识别题型中：（1）要求被试从罗列的 8 种牙膏中选出出现在广告中的牙膏，这 8 种牙膏中有 4 种是出现在广告中的，另外 4 种没有出现；（2）要求被试判断有关"COMVITA"系列牙膏产品属性信息的 20 条描述（广告中展示 4 款牙膏，每款牙膏有 5 个属性指标，因此，得到针对每款牙膏每个属性指标的 20 条描述）中哪些是正确的。实验人员通过计算回忆和识别的正确率来评估被试的信息记忆效果。

最后，被试报告了是否知道该牙膏品牌，以及相关人口统计变量指标。

5.3.3 实验结果

97 名被试中有 95 名（97.94%）明确表示不知道该品牌的牙膏，2 名表示不太确定。可以确定被试不具有该产品的任何先验知识。

结果支持了假设 H3，即相比于无视觉边界的广告，有纵（/横）向视觉边界的广告让被试对页面左（/上）半部分的信息记忆得更好。具体结果如下。

（1）回忆型题项。对于广告页面左半部分的牙膏名称的信息，有纵向视觉边界设计比无视觉边界设计让被试对该部分信息的记忆正确率更高 [$M_{纵向}=0.63$；$SD=0.36$ vs. $M_{无}=0.42$；$SD=0.34$；$F(1, 61)=5.38$，$p<0.05$；partial $\eta^2=0.081$]。同样地，对于广告上半部分的牙膏名称的信息，有横向视觉边界设计比无视觉边界设计让被试对该部分信息的记忆正确率更高 [$M_{横向}=0.53$；$SD=0.37$ vs. $M_{无}=0.37$；$SD=0.36$；$F(1, 63)=3.03$，$p=0.08$；partial $\eta^2=0.046$]。

（2）识别型题项。首先，对牙膏名称的识别的结果是：对于页面左半部分的信息内容，有纵向视觉边界设计比无视觉边界设计让被试对页面该部分的信息记忆正确率更高 [$M_{纵向}=0.84$；$SD=0.30$ vs. $M_{无}=0.66$；$SD=0.33$；$F(1, 61)=5.41$，$p<0.05$；partial $\eta^2=0.081$]；对于页面上半部分的信息内容，有横向视觉边界比无视觉边界让被试对页面该部分的信息记忆正确率更高 [$M_{横向}=0.87$；$SD=0.22$ vs. $M_{无}=0.74$；$SD=0.25$；$F(1, 63)=4.50$，$p<0.05$；partial $\eta^2=0.067$]。其次，对各款牙膏产品属性的识别的结果是：对于页面左半部分的信息内容，相比于无视觉边界的广告，在有纵向视觉边界的广告上，被试对页面该部分的信息记忆正确率更高 [$M_{纵向}=0.63$；$SD=0.14$ vs. $M_{无}=0.54$；$SD=0.13$；$F(1, 61)=6.61$，$p<0.05$；partial $\eta^2=0.098$]；对于页面上半部分的信息内容，相比于无视觉边界的广告，在有横向视觉边界的广告上，被试对页面该部分的信息记忆正确率更高 [$M_{横向}=0.64$；$SD=0.12$ vs. $M_{无}=0.57$；$SD=0.14$；$F(1, 63)=4.14$，$p<0.05$；partial $\eta^2=0.062$]，具体结果见表 5.2。由于对页面右半部分或下半部分的信息记忆效果与实验一相同，有无视觉边界没有显著差异，并且本

研究更关注对最初浏览位置的信息记忆效果的影响,因此,在后面的内容中不再报告对页面右半部分及下半部的测量结果。

表 5.2　　　　　　　　视觉边界对记忆正确率的影响

方向	正确率	纵向视觉边界	横向视觉边界	无视觉边界
纵向（页面左半部分信息）	牙膏名称回忆正确率	0.63[a] (0.36)	—	0.42[b] (0.34)
	牙膏名称识别正确率	0.84[a] (0.30)	—	0.66[b] (0.33)
	牙膏属性识别正确率	0.63[a] (0.14)	—	0.54[b] (0.13)
横向（页面上半部分信息）	牙膏名称回忆正确率	—	0.53[a] (0.37)	0.37[b] (0.36)
	牙膏名称识别正确率	—	0.87[a] (0.22)	0.74[b] (0.25)
	牙膏属性识别正确率	—	0.64[a] (0.12)	0.57[b] (0.14)

注：上标中没有重叠字母的横向单元格数据之间的差异为 $p<0.05$。
资料来源：笔者整理。

5.3.4　实验讨论

实验结果支持我们的假设,证明了纵向视觉边界提高了消费者对广告页面左半部分信息的记忆效果;而横向视觉边界提高了消费者对广告页面上半部分信息的记忆效果。但是,在前面的两个实验中,我们都只验证了主效应,对该效应的内在机制并未探讨。因此,在后续的实验三中我们将进一步探讨相关机制。

5.4 实验三：注意力在视觉边界对信息记忆的影响中起中介作用

本实验的研究目的在于验证在视觉边界对记忆效果的作用中，注意力分布起到了中介作用。考虑到在实验二中我们已经验证了纵向视觉边界与横向视觉边界均对个体信息记忆具有相同的影响，因此，在本实验中，我们选取了实验二中，无视觉边界广告页面和纵向型视觉边界广告页面作为我们的实验材料。如前所述，以纵向视觉边界为例，我们认为纵向视觉边界会阻止个体注意力向页面右半部分转移，从而将注意力聚焦在页面的左半部分，最终会导致个体对页面左半部分的信息记忆效果更好，即注意力起中介作用。本实验中我们将通过眼动数据对此进行验证。

5.4.1 实验设计

本实验为单因素（视觉边界：有 vs. 无）组间实验设计。本实验招募了 54 名在校大学生（包括 30 名女性，$M_{年龄} = 21.18$）参与实验，实验完成后，每位被试可获得 20 元人民币作为奖励。使用实验二中的虚拟品牌"COMVITA"系列牙膏的广告作为实验材料，在有视觉边界的条件中，使用有纵向视觉边界的页面；而在无视觉边界的条件中，则不存在视觉边界元素。浏览时间同样限制为 25 秒。

5.4.2 实验流程

本实验采用 Tobii X2-60 眼动记录仪记录数据。实验中，实验人员需确保显示器和被试的眼睛之间的距离为 65~55cm，并且被试可以适当地转动头部。

第一，被试被告知三方面主要内容：本实验的主要目的是了解消费者对"COMVITA"系列牙膏的偏好；被试将会浏览到该系列牙膏的一则广告，他们在有限的时间进行浏览；请被试在浏览过程中尽可能地记住相关产品信

第 5 章 视觉边界对消费者信息记忆影响的实证研究

息,用于后续产品评价。

第二,每位被试是单独参与整个实验过程,依次进入实验室。被试被随机分配到两个实验分组中。每位被试走进实验室后,实验人员会引导被试坐在相应的位置上,在实验人员向被试简要说明实验的目的和流程后,被试被要求开始眼动校准任务,即在准确捕捉被试的视觉点后,要求被试集中关注在计算机屏幕左上角、左下角、右上角、右下角和中间位置依次运行的红色校准点上,从而校准眼球跟踪装置。参加者被告知,这项校准工作是必要的,是用以确保记录数据的有效性。

第三,被试在完成校准任务之后,被试再次被捕捉视觉点,并被告知"接下来你将浏览到'COMVITA'系列牙膏的广告,如果你已经准备好,请单击开始按钮正式进入浏览页面"。接下来,屏幕上显示本次实验的实验材料,并在 25 秒后自动关闭显示。在浏览时间内,眼动仪记录了被试的眼动数据。

第四,被试被要求根据自身真实感受填写问卷。被试报告了对因变量——记忆效果的测量,测量采用了"回忆(recall)"和"识别(recognition)"两种报告题项。(1)在回忆牙膏名称的题项中,被试被要求回忆广告内容,然后写下记住的"COMVITA"系列牙膏的名称,如"××牙膏";(2)在识别牙膏名称的题项中,被试被要求回忆广告,并从罗列的 8 种牙膏中选出出现在广告中的牙膏,这 8 种牙膏中有 4 种是出现在广告中的,另外 4 种没有出现在广告中;(3)在回忆牙膏属性的题项中,被试被要求分别回忆 4 款牙膏的各种属性指标的具体内容;(4)在识别牙膏属性的题项中,被试被要求去判断有关"COMVITA"系列牙膏产品属性信息的 20 条描述(4 款牙膏,每款牙膏有 5 个属性指标,得到针对每款牙膏每个属性指标的 20 条描述)是否正确。本实验通过计算在以上题项中被试回忆信息的正确率来评估被试的记忆绩效。随后,被试报告了人口统计变量的题项(具体内容见附录三)。

第五,实验人员对记录的眼动数据进行编码。(1)研究人员划分了兴趣区(AOI)。整体广告可分为 3 个部分,第一部分为广告标题,该部分标注了广告的标题名为"COMVITA 牙膏"以及广告标语"专业满足不同需求";第二部分为广告的主体部分,也是本研究主要关注的研究对象——产品信息;第三部分为广告其他相关信息,如商标等(见附录三)。其中,网页的第二部分是本研究关注的，因此，我们主要针对此部分进行了两个AOI的划分。具体地：对于有视觉边界的广告页面，以视觉边界为界向左延伸，覆盖上左边两款牙膏的全部信息，将其定义为左半部分AOI；以视觉边界为界向右延伸，覆盖上右边两款牙膏的全部信息，定义为右半部分AOI，两部分AOI保持面积一致。对于无视觉边界的页面，也仿照有视觉边界的页面进行了类似的左右AOI划分。（2）本实验主要编码和探讨两个指标：首次注视点位置，即被试在第一眼关注广告时将注视点投入的位置，以视觉边界为界限，当被试将首次注视点放在广告左半部分时，编码为"1"，当被试将首次注视点放在广告右半部分时，编码为"0"；注视时长指标，即被试在每个AOI上注视的停留的时长。

5.4.3 实验结果

第一，记忆测量。结果支持了我们的假设，即对于页面左半部分的信息而言，有视觉边界比没有视觉边界让被试对广告页面左半部分的信息记忆得更好。具体结果如下：（1）在回忆牙膏名称的题项中，对于页面左半部分的信息，在有视觉边界的页面中被试回忆出的信息内容正确率高于在没有视觉边界的页面中 [$M_{有}=0.67$；$SD=0.42$ vs. $M_{无}=0.46$；$SD=0.34$；$F(1, 52)=3.90$，$p=0.05$；partial $\eta^2=0.070$]。（2）在识别牙膏名称的题项中，对于页面左半部分的信息，被试在有视觉边界的页面中回忆出的信息内容正确率与在无视觉边界的页面中回忆出的信息内容的正确率没有显著差异（$F<1$）。（3）在回忆牙膏属性的题项中，对于页面左半部分的信息内容，有视觉边界设计比无视觉边界设计让被试产生更高的回忆正确率 [$M_{有}=0.47$；$SD=0.21$ vs. $M_{无}=0.33$；$SD=0.15$；$F(1, 52)=8.01$，$p<0.01$；partial $\eta^2=0.134$]。（4）在识别牙膏属性的题项中，也有类似的结果，对于页面左半部分的信息内容，有视觉边界的情况相比于无视觉边界的情况，被试回忆出更高正确率的信息内容 [$M_{有}=0.64$；$SD=0.19$ vs. $M_{无}=0.48$；$SD=0.20$；$F(1, 52)=8.86$，$p<0.01$；partial $\eta^2=0.146$]，具体结果见表5.3。

第5章 视觉边界对消费者信息记忆影响的实证研究

表5.3　　　　　　　　　视觉边界对记忆正确率的影响

	正确率	有视觉边界	无视觉边界
页面左半部分信息	牙膏名称回忆正确率	0.67[a] (0.42)	0.46[b] (0.34)
	牙膏名称识别正确率	0.89[b] (0.21)	0.91[b] (0.20)
	牙膏属性回忆正确率	0.47[a] (0.21)	0.33[b] (0.15)
	牙膏属性识别正确率	0.64[a] (0.19)	0.48[b] (0.20)

注：上标中没有重叠字母的横向单元格数据之间的差异为 $p<0.05$。
资料来源：笔者整理。

第二，中介检验。通过对注视时长指标的分析可知，对于页面的左半部分内容，在有视觉边界的网页上被试注视时长（$M_\text{有}=8.92$；$SD=3.94$）多于在无视觉边界的页面上 [$M_\text{无}=5.14$；$SD=3.05$；$F(1, 52)=15.58$，$p<0.001$；partial $\eta^2=0.230$]。而对于页面右半部分内容，在有视觉边界的网页上被试注视时长（$M_\text{有}=2.00$；$SD=1.90$）多于在无视觉边界的页面上 [$M_\text{无}=4.73$；$SD=2.57$；$F(1, 52)=19.63$，$p<0.001$；partial $\eta^2=0.274$]，具体结果见表5.4。

表5.4　　　　　　视觉边界对页面左/右部分注视时长的影响

注视时长	有视觉边界	无视觉边界
对页面左半部分的注视时长	8.92[a] (3.94)	5.14[b] (3.05)
对页面右半部分的注视时长	2.00[a] (1.90)	4.73[b] (2.57)

注：上标中没有重叠字母的横向单元格数据之间的差异为 $p<0.05$。
资料来源：笔者整理。

另外，对于首次注视点位置指标的检验结果，相比于无视觉边界的情况

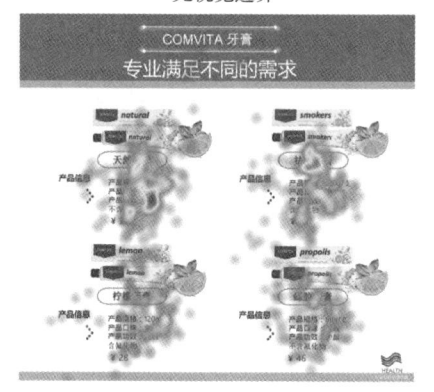

视觉边界对消费者感知数量、信息记忆及礼物选择行为的影响

(51.85%)，视觉边界促使被试更多地将首次注视点放置在页面的左半部分[77.78%；$\chi(1) = 3.98$, $p < 0.05$]，结果详见表 5.5。此结果支持了我们对于"视觉边界帮助个体定位首次注视点与最初浏览位置上"的假设。

表 5.5　　　　　　　　视觉边界对首次注视点位置的影响

比率	有视觉边界	无视觉边界
首次注视点出现在页面左半部分的比率	77.78%	51.85%
首次注视点出现在页面右半部分的比率	22.22%	48.15%

注：$\chi^2 = 3.98$, $p < 0.05$。
资料来源：笔者整理。

被试的视觉注视热点图如图 5.1 所示。图 5.1 显示，相比于无视觉边界的情况，被试在有视觉边界的情况下将更多的注意力覆盖页面左半部分。由于本研究重点关注视觉边界对页面左半部分的影响，因此，将对页面左半部分的注视时间作为中介变量。

图 5.1　视觉注视热点

参考海耶斯（Hayes，2013）的 Bootstrapping 中介效应分析方法（model4，5000 resamples）对视觉注意力的中介作用进行检验。由于本实验对因变量"信息记忆"的测量有三个指标存在主效应，即牙膏名称回忆正确率、牙膏属性回忆正确率以及牙膏属性识别正确率，因此，我们分别进行了三次

第5章 视觉边界对消费者信息记忆影响的实证研究

中介检验。具体结果如下。

首先,将"视觉边界"(1=有视觉边界,0=无视觉边界)作为自变量,将"页面左半部分牙膏名称回忆的正确率"作为因变量,将"对页面左半部分的注视时长"作为中介变量放入模型中进行分析。结果表明:注意力(即对页面左半部分的注视时长)显著地中介了视觉边界对信息记忆(即页面左半部分牙膏名称回忆的正确率)的影响($B=0.15$,SE=0.06;95% CI:0.06 to 0.31)。具体结果见图5.2。

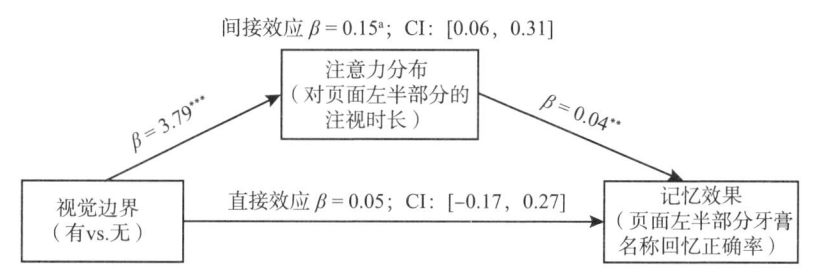

图5.2 注意力的中介作用——牙膏名称回忆效果为结果变量

注:$**p<0.01$、$***p<0.001$;a表明间接效应显著。

其次,将"视觉边界"(1=有视觉边界,0=无视觉边界)作为自变量,将"页面左半部分牙膏属性的回忆正确率"作为因变量,将"对页面左半部分的注视时长"作为中介变量进行数据分析。结果表明:注意力(即对页面左半部分注视时长)显著地中介了视觉边界对信息记忆(即页面左半部分牙膏属性的回忆正确率)的影响($B=0.08$,SE=0.04;95% CI:0.02 to 0.18)。具体结果见图5.3。

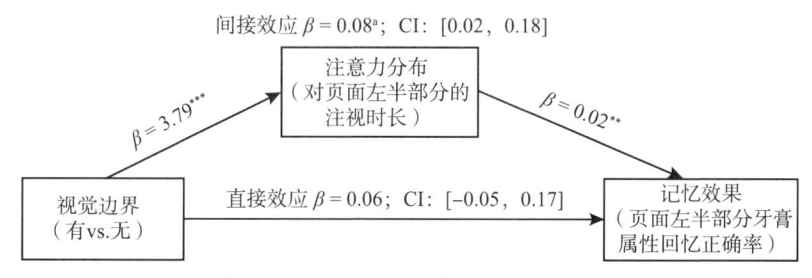

图5.3 注意力的中介作用——牙膏属性回忆效果为结果变量

注:$**p<0.01$、$***p<0.001$;a表明间接效应显著。

最后，将"视觉边界"（1 = 有视觉边界，0 = 无视觉边界）作为自变量，将"页面左半部分牙膏属性的识别正确率"作为因变量，将"对页面左半部分的注视时长"作为中介变量进行数据分析。结果表明：注意力（即对页面左半部分注视时长）显著地中介了视觉边界对信息记忆（即页面左半部分牙膏属性的识别正确率）的影响（$B = 0.11$，$SE = 0.04$；95% CI：0.05 to 0.20）。具体结果见图 5.4。以上三次中介检验证明了注意力的中介作用，支持假设 H4。

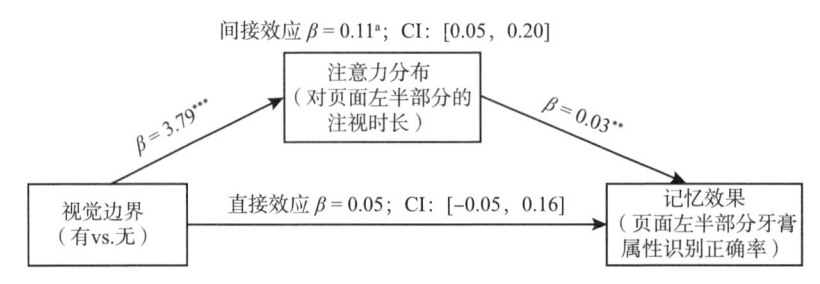

图 5.4 注意力的中介作用——牙膏属性识别效果为结果变量

注：$*p < 0.05$、$**p < 0.01$、$***p < 0.001$；[a] 表明间接效应显著。

5.4.4 实验讨论

实验结果支持我们的假设，证明了对于页面左半部分的信息内容，视觉边界会显著地提高消费者对该部分信息的记忆效果。并且注意力的分布起到了中介作用。具体而言，在有视觉边界的页面中，被试的视觉注意力被更多地限制在页面的左半部分，从而提高了被试对该部分内容的记忆效果。之前三个实验已经证实了视觉边界对信息记忆的影响，但是未对其营销的实践意义进行拓展，因此，在后续的研究中，我们将进一步论证该效应的营销含义。

5.5 实验四：视觉边界对信息记忆的影响及其下游效应

本实验的研究目的在于：为视觉边界对信息记忆产生影响，进而对消费者的购买行为起作用提供现实场景中的证据。以往的研究指出,当个体曝光于广告信息之下,他们会启动记忆系统,并在随后的产品接触中产生正向态度及购买意图(Lynch & Srull, 1982; Pechmann & Stewart, 1990; Yoo, 2008)。因此,本实验旨在验证这样一种可能:在广告页面中展示纵向视觉边界会提升个体对页面左半部分的产品信息记忆,从而增加消费者对页面左半部分产品的购买。并且之前的实验均设有时间压力,而在田野实验中消费者实际浏览广告时间是自由的。

5.5.1 实验设计

本实验为单因素两水平2(视觉边界:有 vs. 无)组间实验设计。实验采用赠送商品和抽奖的方式对参与人员进行奖励。本实验使用的实验材料为食品广告。需要说明的是,虽然在本实验中使用了一个真实品牌的产品,但该品牌是大学生创业自主品牌,在市场中知名度较低。

5.5.2 实验流程

研究者与中国福建省某大学生创业店铺"××号"合作,开展了本次田野实验。需要说明的是:第一,该店铺以销售休闲零食类产品为主。店铺人流量相对适中,适合完成田野实验。店铺外门上有相应的广告展示位置,该位置的特点在于:顾客在进店之前可以便捷清晰地浏览到广告信息,但在进店之后却无法再看见广告信息,这有利于研究人员进行后续的记忆测量。第二,本次实验中使用的是店铺自主品牌"××号"产品,产品包装采用牛皮纸袋简约设计。产品正面出现产品名称信息,而详细信息则用标签粘贴于产品背面,因此,研究人员仅对未出现在产品包装上的"广告标语"进行记忆测量。第三,本实验中使用促销广告作为实验材料,广告中一共展示了4款蜜饯产品。实验通过两种版本的海报广告(60厘米×90厘米)来展示视觉边界的呈现与否。类似于之前的实验,一个版本的海报中有视觉边界元素,另一个版本则没有(见附录三)。为了防止因为产品偏好而造成消费者选择偏差,研究人员在正式实验之前对到店的23名顾客进行了预测调查,结果显示,消费者对这4款产品无显著偏好($p_s > 0.18$)。第四,为了完善

视觉边界对消费者感知数量、信息记忆及礼物选择行为的影响

"新品促销推广"的封面故事,广告中研究人员增加了促销信息"大放送,买二送一啦!"。第五,实验为期14天(2个星期),在第一个星期中,店铺外门上粘贴的是有视觉边界的广告;在第二个星期中,则粘贴无视觉边界的广告。广告情况见图5.5。

有视觉边界的广告　　　　　　　无视觉边界的广告

图 5.5　现场广告展示情况

首先,在店铺外粘贴广告,通过促销活动吸引消费者进入店铺并购买产品。通过门口摄像头记录顾客在广告前的浏览情况。顾客进入店铺后,可以在货架上自由选择产品(产品在货架上的摆放顺序遵循每天随机更换原则)。

其次,研究人员记录顾客在店铺中实际购买情况。(1)消费者的实际购买的产品总数量被记录。(2)消费者对广告页面左侧产品的购买情况被编码:其中任意一款被购买时,记录为"1";两款被同时购买时,记录为"2";两款均未被购买时,记录为"0"。然后,对于选择购买促销产品的顾客,研究人员询问其是否愿意参加一个简单的问卷调研,参加者可以额外获得一次抽奖机会,奖励为价值2~200元的礼物。

再次,如果顾客表示愿意参加调研,那么研究人员将对该顾客进行记忆测量。考虑到顾客的参与度与耐心较低,因此,本实验的测量采用了简单的"识别"题型。顾客被告知,我们想要了解一下,什么类型的广告标语更吸引消费者,所以请他们回忆之前在门口看到的广告信息,然后判断哪些广告

标语出现在广告中,一共向消费者展示 8 款广告标语,而其中 4 款是正确的,另外 4 款是干扰项。消费者对页面左半部分信息的记忆效果被编码:对页面左半部分任意一款广告语被识别正确,记录为"1";两款同时被识别正确,记录为"2";两款均未被识别正确,记录为"0",并计算识别正确率。

最后,对完成购买和配合调研的顾客进行相应的奖励,并记录他们的性别信息。需要注意的是,对于"填写问卷过程中试图再去浏览广告"或者"购买决策非自主决定"的顾客,其样本数据被剔除出分析过程。最终本实验有 198 名顾客(包括 114 名女性)的购买行为被记录并分析。其中,第一个星期记录的顾客人数为 99 人,即分为有视觉边界组;第二个星期记录的顾客人数为 116 人,即分为无视觉边界组。

5.5.3 实验结果

(1)购买数量。首先,对消费者购买产品情况的结果显示,促销广告中有无视觉边界对消费者总购买数量无显著影响 [$M_{有}$ = 2.21;SD = 0.87 vs. $M_{无}$ = 2.37;SD = 0.88;$F(1, 196)$ = 1.68,p = 0.20;partial η^2 = 0.008]。但对于广告页面左半部分的产品购买数量却有显著差异,当消费者浏览到有视觉边界的广告时,消费者更多地购买广告页面左半部分的产品($M_{有}$ = 1.39;SD = 0.57),相比于当消费者浏览到无视觉边界的广告的情况 [$M_{无}$ = 1.12;SD = 0.63;$F(1, 196)$ = 9.77,$p < 0.01$;partial η^2 = 0.047]。实验结果支持了我们的假设,即相比无视觉边界的广告,有视觉边界的广告提高了消费者对页面左半部分展示的产品的购买。

(2)记忆效果。结果显示,对于广告页面左半部分的产品信息,视觉边界的存在让消费者对其具有更好的记忆效果。具体而言,在有视觉边界的广告中消费者识别出的信息正确率($M_{有}$ = 0.70;SD = 0.35)高于在没有视觉边界的页面中 [$M_{无}$ = 0.53;SD = 0.42;$F(1, 196)$ = 9.35,$p < 0.01$;partial η^2 = 0.046]。

(3)中介检验。本研究重点关注视觉边界对页面左半部分信息记忆的影响,以及由此造成的消费者购买选择的差异。因此,将视觉边界(1 = 有视觉边界,0 = 无视觉边界)作为自变量,将消费者对广告左半部分产品的购买数量作为因变量,将消费者对页面左半部分产品的记忆效果作为中介变量放入模型中进行分析(Model 4;Hayes,2013)。数据分析的结果支持本研究的假设。记忆效果边缘显著地中介了视觉边界对消费者购买数量的影响($B=0.04$,$SE=0.02$;90% CI:0.00 to 0.08)。

5.5.4 实验讨论

本实验的结果表明,在现实场景中视觉边界确实可以通过影响消费者记忆,进而影响消费者行为。该实验结果也证实了视觉边界对广告记忆效果影响的营销实践意义,即增加消费者对特定产品的选择。

5.6 本章小结

在本章中,我们主要论证了视觉边界对消费者信息记忆的影响。四组实验结果验证了我们的假设 H3、假设 H4。结果表明:视觉边界,无论是纵向型还是横向型,均会对消费者的信息记忆产生影响,促进消费者对页面左半部分信息内容的记忆效果,而视觉注意力起中介作用。并且这种影响还会延续影响消费者选择行为,使消费者更多地选择获得更多关注和记忆的产品。

第6章

视觉边界对消费者礼物选择行为影响的实证研究

6.1 实验概述

如本书第3章中所述,当面对人际关系较远的接收者时,赠送者更大概率地选择有视觉祝福边界设计的礼物,因为视觉边界将提升礼物包装上祝福语的感知信息强度(perceived blessing strength);相反,当面对人际关系较近的接收者时,赠送者对视觉边界设计的偏好将得到缓解。为了验证以上假设,本章通过四个实验进行了相关的实证研究。实验一验证了赠送者与接收者人际关系的远近对赠送者礼物选择的影响,即是否选择具有视觉边界设计的礼物。实验二验证了赠送者的祝福意图在人际关系远近对视觉边界设计选择的影响中起到的中介作用。具体而言,相比于赠送者与接收者之间关系较近的情况,两者之间关系疏远将增加赠送者传达祝福的意图,这是由于关系远的赠送者缺乏判断"礼物是否让接收者合意"的足够信息,因此,其更期望用传达祝福来获得接收者的认同或构建与接收者的积极关系,即向接收者表达"礼轻情意重"的意思。进一步地,为了更好地实现传达祝福的意图,赠送者更大概率地选择了有视觉边界设计的礼物。实验三通过一个两因素组间实验设计,进一步清晰地验证了感知信息强度在人际关系与视觉边界对礼物评价的交互影响中起到了中介作用。实验四通过一个三因素组间实验设计验证了该效应的边界条件,即当视觉边界被用于包围产品图片，而非祝福信息时，上述人际关系与视觉边界对礼物评价的交互影响将被抑制。

6.2 实验一：人际关系对选择视觉祝福边界礼物的影响

本实验旨在验证赠送者与接收者之间人际关系远近对具有祝福语视觉边界设计的礼物选择的影响，即验证假设 H5。在本实验中，我们采用贺卡作为实验材料，并论证当赠送者与接收者之间关系较为疏远时，相比于关系较为亲近时，赠送者更大概率地选择使用视觉边界包围祝福语的贺卡礼物。

6.2.1 实验设计

本实验为单因素（人际关系距离：远 vs. 近）组间实验设计。本实验招募了 120 名在校大学生（包括 59 名女性，$M_{年龄} = 23$）参与实验。被试被随机分配到两个实验组，即"人际关系远"组与"人际关系近"组。实验材料为一组印有"福"字祝福语的贺卡，其中一张贺卡上"福"字祝福语被一个视觉边框所包围，而另一张贺卡上则不存在这样一种设计元素（见附录四）。实验完成后，每位被试可获得 5 元人民币作为奖励。

6.2.2 实验流程

首先，实验人员要求被试回忆一位同学的姓名并写下该同学的姓氏。在"人际关系远"组，被试被要求回忆的是一位关系疏远的同学；而在"人际关系近"组，被试被要求回忆的是一位关系亲密的同学。在写下同学的姓氏后，实验人员要求被试在不考虑价格因素的情况下，想象这样一个情景：你打算为该同学选择一款贺卡作为礼物，向其传达祝福。并且为了提高被试的参与度，实验人员告知被试：实验人员将通过抽奖的方式让他们有 1/50 的机会真正获得该贺卡去赠送给他们提及的这位同学。

其次，实验人员向被试展示了实验材料，两款贺卡一款有视觉祝福边界设计,另一款无视觉祝福边界设计,然后询问被试会选择哪一款贺卡。值得注意的是,在展示过程中,两张贺卡被随机化水平放置,以确保后续被试的选择不受贺卡位置的影响。并且在正式实验开始前,实验人员开展了一个前侧实验,招募了来自同一学校的136位被试以测试这两款贺卡的吸引力和美感。前测结果证明,被试在感知两张贺卡的吸引力 [$t(134) = -1.60$,$p = 0.11$] 及美感 [$t(134) = -1.22$,$p = 0.23$] 上并无显著差异。

最后,被试被询问他们对自身与该同学之间的关系亲密程度的感知,通过回答两个题项:(1)你觉得你们之间的关系有多亲密(1 = 非常不亲密;7 = 非常亲密);(2)你觉得你们之间的关系有多牢固(1 = 非常不牢固;7 = 非常牢固),这两个题目被合并取均值($r = 0.84$)以检验人际关系变量操纵是否成功。与此同时,被试也报告了人口统计变量的相关指标情况。

6.2.3 实验结果

(1)操纵检验。实验结果证明对于人际关系距离的操纵是成功的。单因素方差分析的结果显示,被分配到"人际关系近"组的被试感知自身与所提及同学的关系更加亲近($M = 5.14$;$SD = 1.37$),相比于那些被分配到"人际关系远"组的被试 [$M = 3.55$;$SD = 1.33$;$F(1, 118) = 41.18$,$p < 0.001$;partial $\eta^2 = 0.259$]。

(2)礼物选择。实验结果支持了假设H5,即相比于人际关系较近的情况,人际关系疏远让被试在更偏好有视觉祝福边界设计的礼物。具体而言,当赠送者感知自身与接收者之间人际关系疏远时,他们更大概率地选择有视觉祝福边界设计的贺卡(73.21%),相比于当赠送者感知自身与接收者之间人际关系亲密时 [50.00%;$\chi^2(1) = 6.75$,$p < 0.01$,partial $\eta^2 = 0.056$]。

6.2.4 实验讨论

实验一的结果初步证明了假设H5是成立的,即随着赠送者感知自身与接收者之间人际关系越是疏远,那么他们在为对方选择礼物时,更倾向于选择有视觉边框设计的礼物。但在本实验中,该主效应的潜在机制还未得到揭示,因此,研究人员设计了实验二,以证明进一步证明决定"人际关系距离对视觉边框设计偏好效应"的内在原因。

6.3 实验二：传达祝福意愿的中介作用

本实验的研究目的有两个方面：第一，为本书关于"人际关系距离对视觉祝福边框设计偏好影响"的概念模型提供证据，证明相比于关系较近的接收者，赠送者更倾向于为关系较远的接收者选择有视觉祝福边界设计的礼物是源于赠送者有更强烈的期望去传递和表达祝福，希望借此拉近彼此关系。第二，通过本实验排除关于"互惠需求"（need for reciprocity）的替代解释。以往的研究指出，在礼物的选择和赠送中，赠送者对关系较远的接收者有更高的互惠需求，即赠送者对接收者在获得礼物后应该给予相应的回报有一定的预期（Morton，1978；H. Shen et al.，2011）。并且视觉祝福边框象征着"规范正式"及"结构有序"（Cutright，2012；Wen & Lurie，2019），从而使赠送者感觉更能"提醒"接收者遵循互惠原则，这符合赠送者的期望，因此，增加赠送者选择视觉祝福边框设计礼物的概率。在本实验中，研究人员将验证上述关于互惠需求的可能解释是否成立。

6.3.1 实验设计

本实验为单因素（人际关系距离：远 vs. 近）组间实验设计。本实验通过在线调研平台 Credamo 招募了 180 名被试（包括 119 名女性，$M_{年龄}$ = 30）参与实验。其中，6 名被试没有通过注意力测验[①]，剩余 174 名被试与在实验一中类似，被随机分配到两个实验组："人际关系距离远"组和"人际关系距离近"组。实验二的实验材料为一组印有"HAPPY EVERYDAY"祝福语包装的礼物，其中一款礼物上的祝福语被视觉边框所包围，而另一款礼物上则不存在这样一种设计元素（见附录四）。实验完成后，每位被试可获得 2 元人民币作为奖励。

[①] 注意力测验是指让被试回答如下问题："本问题主要用于测验你参与实验是否投入足够的注意力，请不必理会具体内容，直接在 7 级量表中选择'5'选项。"在后续涉及注意力测验的实验中，均采用该题项。

6.3.2 实验流程

与实验一的流程相似，被试首先被要求回忆一位朋友的姓名并写下其姓氏。注意：在"人际关系距离远"组，实验人员要求被试回忆一位关系疏远的朋友；而在"人际关系距离近"组，实验人员要求被试回忆一位关系亲密的朋友。随后，被试在不考虑价格因素的情况下开始想象这样一个情景：你准备赠送一份假期礼物给该朋友，此时店铺提供了两款礼物包装，你需要选择其中一款向其传达祝福。

随后，实验人员要求被试汇报他们传递祝福的意愿强度，通过回答两个改编自普雷索和洛德（Putrevu and Lord，1994）的7级量表（1＝非常不同意；7＝非常同意）的题项：（1）我强烈地希望通过传达祝福来强化我和礼物接受者之间的关系；（2）我确实试图通过传达祝福来强化我和礼物接受者之间的关系。被试对此两项问题的回答被均值化以形成一个独立的指标，即"祝福传达意图"（$\alpha=0.75$）。

接下来，两款礼物被展示给被试，并询问他们会选择哪一款礼物。在展示礼物的过程中，两款礼物被随机化水平放置，以确保后续选择不受礼物位置的影响。在正式实验开始前，实验人员进行了一个前侧实验，同样在 Credamo 上招募了100名被试，以证明这两款礼物包装在个体偏好 $[t(98)=-1.48, p=0.14]$、吸引力 $[t(98)=-1.11, p=0.27]$ 及美感 $[t(98)=-1.40, p=0.17]$ 上没有显著差异。

为了测量被试的互惠需求差异，他们回答了三个改编自佩尔万等（Pervan et al.，2009）的问题，通过一个7级量表（1＝非常不同意；7＝非常同意）：（1）通过赠送该礼物，我期望后期获得对方相对平衡的回报；（2）通过赠送该礼物，我期望后期获得对方相对等值的回报；（3）通过赠送该礼物，我期望后期获得对方相对公平的回报。三个问题的回复被平均化以形成被试的互惠需求指标（$\alpha=0.89$）。

与实验一类似，被试被询问了感知关系亲密程度的两个题项：（1）你觉得你们之间的关系有多亲密（1＝非常不亲密；7＝非常亲密）；（2）你觉得你们之间的关系有多牢固（1＝非常不牢固；7＝非常牢固），被试对这两个题目的回复被合并取均值（$\alpha=0.91$）以进行操纵检验。被试也报告了人口统计变量的相关指标情况。

6.3.3 实验结果

（1）操纵检验。单因素方差分析的结果显示操纵检验成功，被试报告他们自身与该朋友的关系更加亲近，当他们被分配到"人际关系近"组（$M=5.96$；$SD=0.84$），相比于当他们被分配到"人际关系远"组［$M=3.44$；$SD=1.32$；$F(1,172)=224.84$，$p<0.001$；partial $\eta^2=0.567$］。

（2）礼物选择。与本书提出的假设一致，卡方检验的结果显示：当赠送者定义自身与接收者之间人际关系疏远时，他们更大概率地选择包装上有视觉边界设计的礼物（66.29%），相比于当赠送者感知自身与接收者之间人际关系亲密时［50.59%；$\chi^2(1)=4.42$，$p<0.01$，partial $\eta^2=0.025$］。

（3）祝福传达意图。对被试祝福传达意图的单因素方差分析结果显示：相比于人际关系近的情况，人际关系疏远相比于人际关系亲密，让被试有更强烈的意图向礼物接收者传达祝福［$M_{人际关系远}=5.90$；$SD=0.79$ vs. $M_{人际关系近}=5.59$；$SD=0.81$；$F(1,172)=6.80$，$p<0.01$；partial $\eta^2=0.038$］。

（4）中介检验。为了探讨祝福传达意图的中介作为，将人际关系距离（0=人际关系近；1=人际关系远）作为自变量，将礼物选择（0=无视觉祝福边框；1=有视觉祝福边框）作为因变量，将祝福传达意图作为中介变量，放入模型中进行 Bootstrapping 中介效应分析方法（Hayes，2013；Model4，10000 resamples）。实验结果表明，祝福传达意愿显著地中介了人际关系距离对视觉祝福边框的礼物选择的影响（$B=0.17$，$SE=0.09$；95% CI：0.02 to 0.38）。

（5）互惠需求。单因素方差分析结果显示，相比于人际关系近的情况，人际关系疏远并未让被试产生更高水平的互惠需求［$M_{人际关系远}=5.22$；$SD=1.33$ vs. $M_{人际关系近}=4.98$；$SD=1.30$；$F(1,172)=1.42$，$p=0.24$］。因此，排除了互惠需求成为替代解释的可能。

6.3.4 实验讨论

实验二的结果为本书的理论概念框架提供了实证证据，也就是说，赠送者定义自身与接收者之间人际关系越是疏远，那么他们会产生更为强烈的传达祝福的意愿，并在后续的礼物选择中，倾向于选择有视觉祝福边框设计的礼物。并且赠送者对接收者的互惠需求并不能解释该效应，从而排除了该替代解释。但本实验还未直接证明感知祝福强度的中介作用，并且前两个实验都是让被试在"有视觉祝福边框设计"与"无视觉祝福边框设计"之间进行选择，也就是说，对视觉边界这个变量均采用组内实验设计的方式，因此，后续实验将进一步证明潜在机制，并对视觉祝福边界变量进行组间实验设计。

6.4 实验三：感知祝福强度的中介作用

本实验的研究目的主要在于证明感知祝福强度的中介作用。具体而言，当赠送者为一个人际关系较远的接收者挑选礼物时，有视觉祝福边框设计的礼物，相比于无视觉祝福边框设计的礼物，将带来更高的感知祝福强度（blessing strength），突出赠送者的"礼轻情意重"的意图，从而导致赠送者对有视觉祝福边框设计礼物的更高评价；相对而言，当赠送者为一个人际关系较近的接收者挑选礼物时，有或无视觉祝福边框设计的礼物均不会影响赠送者的感知祝福强度，因为此时赠送者缺乏表达"礼轻情意重"的意图，从而不会对后续礼物评价造成影响。本实验将证明该中介作用。与此同时，由于视觉边框作为一种设计元素出现在礼物的包装上，这可能会影响消费者的美学感知（perceived aesthetic）、感知结构（perceived structure）、感知安全（perceived protecting）及感知束缚（perceived confining）（Cutright, 2012; Fajardo et al., 2016; Gupta & Hagtvedt, 2021; Schenkman & Jönsson, 2000; Wen & Lurie, 2019），而这些感知可能进一步影响消费者对礼物的评价，特别是针对不同的关系距离情况下，因此，本实验将验证这些变量成为替代解释的可能性。

6.4.1 实验设计

本实验为双因素2（人际关系距离：远 vs. 近）×2（视觉祝福边框：有

vs. 无）组间实验设计。本实验招募了 260 名在校大学生（包括 140 名女性，$M_{年龄}=25$）参与实验。其中，3 名被试没有通过注意力测验，剩余 257 名被试被随机分配到 4 个实验组中。本实验的实验材料为一组印有"BEST WISHES"祝福语包装的巧克力礼盒，其中一款礼物上的祝福语被视觉边框所包围，而另一款礼物上则无（见附录四）。实验完成后，每位被试可获得 5 元作为奖励。

6.4.2 实验流程

与之前实验流程相似，在"人际关系距离远"组，实验人员要求被试回忆一位关系疏远的朋友并写下其姓氏；而在"人际关系距离近"组，实验人员要求被试回忆一位关系亲密的朋友并写下其姓氏。实验人员请被试在不考虑礼物价格因素的情况下，想象自己准备为该朋友挑选一份礼物的情景。随后，在"有视觉祝福边界"组，被试看到了一款巧克力礼盒，在礼盒包装上设有银色的视觉边框包围住了祝福语；而在"无视觉祝福边界"组，被试则看到了一款除了视觉祝福边框设计以外其余特征完全一致的巧克力礼盒。

接下来，实验人员要求被试通过回答两个问题，来报告他们对该礼物的评价：（1）你如何评价这款礼物？（1 = 非常不吸引人；7 = 非常吸引人）；（2）你有多喜欢这款礼物？（1 = 非常不喜欢；7 = 非常喜欢）。被试对这两个题目的回复被均值化形成一个独立的变量"礼物评价"（$\alpha = 0.93$）。然后，为了测量感知祝福强度指标，被试回答了两个改编自关等（Kwan et al., 2017）的题目：（1）回想这款礼物，你觉得通过该礼物你传达出来的祝福有多强烈？（1 = 非常不强烈；7 = 非常强烈）；（2）回想这款礼物，你觉得你有多确信通过该礼物传达出了祝福？（1 = 非常不确信；7 = 非常确信）。被试对此两项问题的回答被均值化形成独立的指标"感知祝福强度"（$\alpha = 0.77$）。

随后，实验人员还测量了一系列变量。具体而言，为了测量感知美学，被试被要求回答三个改编自布利利文等（Blijlevens et al., 2017）的采用 7 级量表（1 = 非常不同意；7 = 非常同意）的题目：（1）这款礼物很精美；（2）这款礼物很让人喜欢；（3）这款礼物让人赏心悦目。对这三个题目的

第6章 视觉边界对消费者礼物选择行为影响的实证研究

回复被均值化形成变量"美学感知"($\alpha = 0.80$)。为了测量感知结构,被试被要求回答"你觉得这款礼物看起来有多规整有序?(1 = 非常不规整有序;7 = 非常规整有序)",该题项源自卡特赖特(Cutright, 2012)。为了测量感知安全与感知束缚,被试被要求回答源自法罗等(Fajardo et al., 2016)的题项:"这款礼物带给你一种安全感?(1 = 非常不同意;7 = 非常同意)"和"这款礼物带给你一种束缚感?(1 = 非常不同意;7 = 非常同意)"。上述这一系列的问题被随机回答。

最后,被试同样回答了感知关系亲密度的两个题项:(1)你觉得你们之间的关系有多亲密?(1 = 非常不亲密;7 = 非常亲密);(2)你觉得你们之间的关系有多牢固?(1 = 非常不牢固;7 = 非常牢固),被试的回答被均值化($\alpha = 0.96$)以进行操纵检验。被试也报告了人口统计变量的相关指标情况。

6.4.3 实验结果

(1)操纵检验。与预期一致,以感知关系亲密度为因变量的2(人际关系距离:远 vs. 近)×2(视觉祝福边框:有 vs. 无)双因素方差分析结果显示,只存在人际关系距离的主效应[$F(1, 253) = 250.50$, $p < 0.001$, partial $\eta^2 = 0.498$],这说明本实验的操纵是成功的。具体而言,在"人际关系近"组的被试,相比于在"人际关系远"组的被试,感知自身与之前回忆的朋友之间关系更加亲密($M_{近} = 5.91$; $SD = 1.09$ vs. $M_{远} = 3.54$; $SD = 1.29$)。但在此 2×2 双因素方差分析中,视觉祝福边界的主效应($F < 1$),以及人际关系距离与视觉祝福边界的交互效应[$F(1, 253) = 1.43$, $p = 0.23$]均不显著。

(2)礼物评价。同样地,以礼物评价为因变量的2(人际关系距离:远 vs. 近)×2(视觉祝福边框:有 vs. 无)双因素方差分析结果显示,只存在一个显著的交互作用[$F(1, 253) = 5.59$, $p < 0.05$, partial $\eta^2 = 0.022$]。如图6.1所示,当被试认为自身与接收者之间人际关系疏远时,提供给他们有视觉祝福边界的礼物,相比于无视觉祝福边界的礼物,被试会给予该礼物以更高的评价[$M_{有视觉祝福边框} = 3.69$, $SD = 1.20$ vs. $M_{无视觉祝福框} = 3.06$, $SD = 1.26$; $F(1, 253) = 7.47$, $p < 0.01$, partial $\eta^2 = 0.029$]。然而,当被试自身与接收者之间人际关系亲密时,视觉祝福边框对礼物评价的积极影响则被削

弱（$M_{有视觉祝福边框}$ = 3.24，SD = 1.37 vs. $M_{无视觉祝福边框}$ = 3.39，SD = 1.49；$F <$ 1）。并且该双因素方差分析显示人际关系距离的主效应（$F < 1$）以及视觉祝福边框的主效应 [$F(1, 253) = 2.03$，$p = 0.16$] 均不显著。

礼物评价

	人际关系远	人际关系近
有祝福语边框	3.69	3.24
无祝福语边框	3.06	3.39

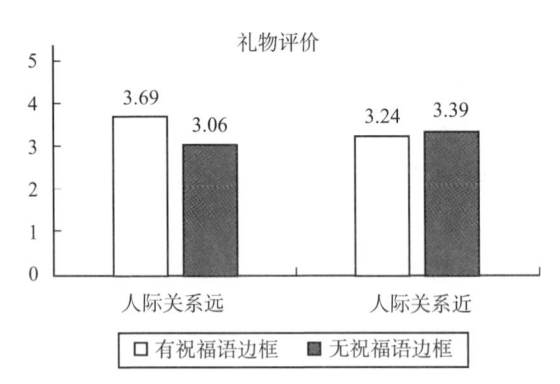

图6.1　人际关系与视觉祝福边框对礼物评价交互作用的图示

（3）感知祝福强度。类似地，以感知祝福强度为因变量的2（人际关系距离：远 vs. 近）×2（视觉祝福边框：有 vs. 无）双因素方差分析结果显示，存在视觉祝福边框的主效应 [$F(1, 253) = 3.99$，$p < 0.05$，partial η^2 = 0.016]。也就是说，相比于无视觉边框的礼物，有视觉边框设计的礼物带给被试的感知祝福强度更大（$M_{有视觉边框}$ = 3.82；SD = 1.40 vs. $M_{无视觉边框}$ = 3.45；SD = 1.52）。但是人际关系距离对感知祝福强度的主效应不存在 [$F(1, 253) = 1.10$，$p = 0.30$]。更为重要的是，人际关系距离与视觉祝福边框的交互作用显著 [$F(1, 253) = 5.53$，$p < 0.05$，partial η^2 = 0.021]。简单对比分析指出，当被试计划为一个人际关系远的朋友挑选礼物时，提供有视觉祝福边框设计的礼物（M = 4.13，SD = 1.35）比提供无视觉边框设计的礼物（M = 3.34，SD = 1.50）让被试认为礼物可以被感知到的祝福强度更大 [$F(1, 253) = 9.84$，$p < 0.01$，partial η^2 = 0.037]。相对地，当被试计划为一个人际关系近的朋友挑选礼物时，提供有视觉祝福边框设计的礼物（M = 3.51，SD = 1.39）与提供无视觉祝福边框设计的礼物（M = 3.58，SD = 1.54）让被试认为礼物可以被感知到的祝福强度无差异（$F < 1$）。

（4）中介检验。再次重申，本书认为，人际关系距离与视觉祝福边框的交互作用会导致不同水平的感知祝福强度，这将进一步转化为对礼物评价的影响。为了验证这一假设，本中介检验将视觉祝福边框（0 = 无；1 = 有）作为自变量、将人际关系距离（0 = 人际关系近；1 = 人际关系远）作为调节变量、将被试汇报的礼物评价（连续性变量）作为因变量、将感知祝福强度（连续型变量）作为中介变量放入模型中，进行 Bootstrapping 中介效应分析（Hayes，2013；Model8，10000 resamples）。实验结果表明，人际关系距离与视觉祝福边框的交互对礼物评价的影响被感知祝福强度显著地中介了影响（$B = 0.42$，$SE = 0.19$；95% CI：0.06 to 0.80）。具体而言，当被试想象为人际关系远的朋友挑选礼物时，感知祝福强度的间接效应显著（$B = 0.39$，$SE = 0.13$，95% CI：0.14 to 0.66）。然而，当被试想象为人际关系近的朋友挑选礼物时，感知祝福强度的间接效应不显著（$B = -0.03$，$SE = 0.13$，95% CI：-0.29 to 0.23）。基于以上结果分析，本书关于感知祝福强度的中介作用的假设得到证实。

（5）替代解释。对感知美学的双因素方差分析显示，无论是人际关系距离的主效应（$F < 1$），还是视觉祝福边框的主效应（$F(1, 253) = 1.03$，$p = 0.31$），还是两者的交互效应 [$F(1, 253) = 1.58$，$p = 0.21$] 均不显著。类似地，对感知结构的双因素方差分析显示，无论是人际关系距离的主效应 [$F(1, 253) = 1.24$，$p = 0.27$]，还是视觉祝福边框的主效应（$F < 1$），还是两者的交互效应（$F < 1$）均不显著。类似地，对感知安全的双因素方差分析显示，无论是人际关系距离的主效应（$F < 1$），还是视觉祝福边框的主效应（$F < 1$），还是两者的交互效应 [$F(1, 253) = 1.66$，$p = 0.20$] 均不显著。类似地，对感知束缚的双因素方差分析显示，无论是人际关系距离的主效应 [$F(1, 253) = 1.88$，$p = 0.17$]，还是视觉祝福边框的主效应 [$F(1, 253) = 1.34$，$p = 0.25$]，还是两者的交互效应（$F < 1$）均不显著。因此，排除了这些变量成为替代解释的可能。

6.4.4 实验讨论

实验三的结果为"感知祝福强度在人际关系距离与视觉祝福边框的交互对礼物评价的影响中起到中介作用"的假设提供了实证证据。即当赠送者认为自身与接收者之间人际关系疏远时，他们感知视觉祝福边框可以提升祝福的感知强度，符合他们的预期，从而对有视觉祝福边框设计的礼物给予更高的评价；而当赠送者认为自身与接收者之间人际关系亲近时，他们并没有意识到视觉祝福边框对感知祝福强度的影响，因此，后续对礼物评价的积极作用亦被抑制。与此同时，本实验还排除了一些该替代解释，包括感知美学、感知结构、感知安全和感知束缚四个变量。

6.5 实验四：信息类型的调节作用

本书认为，视觉边框是通过聚焦人们对祝福信息的注意力，从而达到强化祝福的效果，因此，可以预测如果视觉边框并非包围祝福语信息，而是礼物包装上常见的另一类信息，即产品图片信息，那么之前实验中所证实的视觉边框对礼物评价的显著的积极影响将会被弱化，甚至是抑制。为了探讨这一可能，研究人员开展了实验四。除此之外，实验三采用了如巧克力的享乐型产品，本实验则采用钢笔一类的实用型产品，这有利于提高本书研究结论应用的普适性。

6.5.1 实验设计

本实验为双因素2（人际关系距离：远 vs. 近）×3（视觉边框：视觉祝福边框 vs. 视觉图片边框 vs. 无视觉边框）组间实验设计。本实验通过在线调研平台Credamo招募了300名被试（包括147名女性，$M_{年龄}=29$）参与实验。其中，20名被试没有通过注意力测验，剩余280名被试被随机分配到6个实验组中。本实验的实验材料为一组包装上印有"生日快乐"祝福语及产品图片的钢笔礼盒。其中一款礼物包装上的祝福语被视觉边框所包围，另一款礼物包装上的产品图片被视觉边框所包围，最后一款礼物上则不存在视觉边框的设计元素（见附件四）。实验完成后，每位被试可获得2元作为奖励。

6.5.2 实验流程

首先，被试被告知需要他们想象一下他们向朋友赠送礼物的场景。具体

第 6 章 视觉边界对消费者礼物选择行为影响的实证研究

地,在"人际关系距离远"组,被试被要求回忆一位关系疏远的朋友并写下其姓氏;而在"人际关系距离近"组,被试被要求回忆一位关系亲密的朋友并写下其姓氏。随后,被试被要求想象如下场景:这位朋友即将过生日了,你经过思考,打算送一支钢笔礼盒作为生日礼物,偶然间你看到了一款钢笔礼盒,在不考虑礼物价格因素的情况下请你对其进行评价。随后被试将浏览到一款钢笔礼盒,在"视觉祝福边框"组,被试看到的是一款包装上使用绿色的视觉边框包围住祝福语的钢笔礼盒;在"视觉图片边框"组,被试看到的是一款包装上使用绿色视觉边框包围住产品图片的钢笔礼盒;而在"无视觉祝福边界"组,被试看到的钢笔礼盒上则完全无视觉边框这一设计元素。注意,此三款钢笔礼盒除了视觉边框这一元素有区别外,其余设计元素与细节均完全一致。

其次,被试通过回答 4 个问题来报告他们对该礼物的评价:(1)你如何评价这款礼物?(1 = 非常不吸引人;7 = 非常吸引人);(2)你有多喜欢这款礼物?(1 = 非常不喜欢;7 = 非常喜欢);(3)你觉得这款礼物有多合意?(1 = 非常不合意;7 = 非常合意);(4)你觉得这款礼物有多令人满意?(1 = 非常不令人满意;7 = 非常令人满意)。被试对这些题目的回复被均值化形成独立的变量"礼物评价"($\alpha = 0.89$)。最后,被试报告了感觉自身与该朋友之间的关系有多亲密(1 = 非常疏远;7 = 非常亲密)以作为操纵是否成功的检验,以及相关人口统计变量指标。

6.5.3 实验结果

(1)操纵检验。结果显示,操纵检验成功。感知亲密度为因变量的 2(人际关系距离:远 vs. 近)×3(视觉边框:视觉祝福边框 vs. 视觉图片边框 vs. 无视觉边框)双因素方差分析表明,只存在人际关系距离的主效应 $[F(1, 274) = 525.22,\ p < 0.001,\ \text{partial}\ \eta^2 = 0.657]$,即"人际关系近"组的被试($M = 6.09,\ SD = 0.80$)比在"人际关系远"组的被试($M = 3.33,\ SD = 1.16$)感知自身与该朋友之间关系更加亲密。但是,视觉祝福边界的主效应 $[F(1, 274) = 1.04,\ p = 0.36]$,以及人际关系距离与视觉祝福边界的交互效应($F < 1$)均不显著。

(2)礼物评价。礼物评价为因变量的类似的 2×3 双因素方差分析表明,只存在一个显著的交互作用 [$F(2, 274) = 8.11$,$p < 0.001$,partial $\eta^2 = 0.056$]。如图 6.2 所示,当生日礼物被计划送给关系疏远的朋友时,有视觉祝福边框的礼物($M = 5.45$,$SD = 0.91$)比有视觉图片边框的礼物($M = 4.30$,$SD = 1.24$)得到更高的评价 [$F(1, 274) = 16.31$,$p < 0.001$,partial $\eta^2 = 0.056$];同样地,有视觉祝福边框的礼物($M = 5.45$,$SD = 0.91$)比无视觉边框的礼物($M = 4.69$,$SD = 1.45$)得到更高的评价 [$F(1, 274) = 8.08$,$p < 0.01$,partial $\eta^2 = 0.029$],而且有视觉图片边框的礼物与无视觉边框的礼物之间无显著差异 [$F(1, 274) = 1.99$,$p = 0.16$]。相应地,当生日礼物被计划送给关系亲近的朋友时,被试对有视觉祝福边框的礼物($M = 4.48$,$SD = 1.39$)与有视觉图片边框的礼物($M = 4.61$,$SD = 1.41$)之间无显著的差异性偏好($F < 1$);并且被试对有视觉祝福边框的礼物($M = 4.48$,$SD = 1.39$)与无视觉边框的礼物($M = 4.92$,$SD = 1.44$)之间也无显著的差异性偏好 [$F(1, 274) = 2.57$,$p = 0.11$,partial $\eta^2 = 0.009$],而且有视觉图片边框的礼物与无视觉边框的礼物之间同样无显著差异 [$F(1, 274) = 1.29$,$p = 0.26$,partial $\eta^2 = 0.004$]。

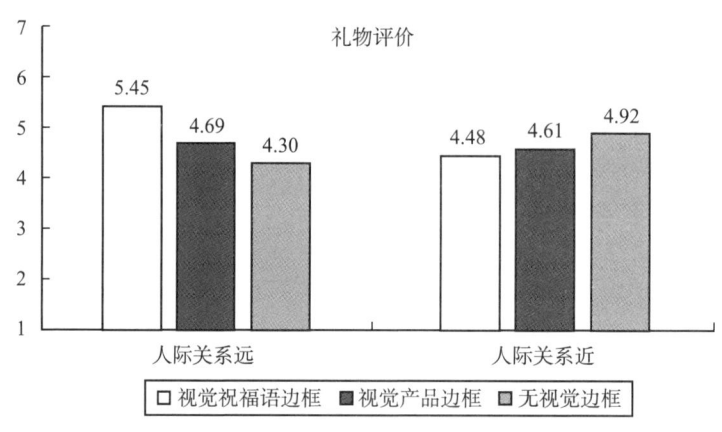

图 6.2 人际关系与视觉边框对礼物评价交互作用

6.5.4 实验讨论

实验四的结果不仅再次验证了本书提出的"人际关系距离与视觉祝福边框对礼物评价的交互作用,以及感知祝福强度在该交互效应中起到了中介

第6章 视觉边界对消费者礼物选择行为影响的实证研究

作用"的假设,而且通过调节方式再次验证了本书提出的中介机制,也就是证明了当视觉边框设计不被用于包围祝福语信息,而被用于包围产品图片信息时,上述提及的交互效应将会消失,因为用于增强感知祝福强度的只能是视觉祝福边框而非视觉图片边框。此外,本实验与实验三分别采用了享乐型产品(即巧克力)及实用型产品(即钢笔)来验证视觉祝福边界的作用,实验结果支持其效用在各种产品类型上均适用的结论,扩大了本书结论的普适性。

第7章

研究结论

本章结合前几章的内容，包括文献回顾、理论研究假设及实证分析结果，得出本书主要的研究结论，探讨本书的创新点和管理启示。最后，总结了本书的研究内容中存在的局限性，并提出了未来可能的研究展望。

7.1 研究总结

本书回顾并梳理了视觉边界、注意力、感知数量、信息记忆、礼物选择行为等相关文献，从感知、认知及行为层面发展了视觉边界的结果变量及前置变量，探讨了视觉边界的存在是否会影响消费者的感知数量、信息记忆及礼物选择，以及这些效应的内在机制是什么。在现有研究理论的支撑下，本书通过逻辑推导得出本书旨在验证的六个研究假设，并综合使用实验室实验、眼动实验及田野实验方法，通过三个实证研究对相关研究假设进行了验证。最终，本书得出如下几个重要结论。

第一，通过研究一与研究二的眼动实验，本书发现，视觉边界的存在会引导消费者更大概率地将首次注视点投放到最初浏览位置上。具体地，相比于无视觉边界的情况，横向视觉边界促使消费者更多地首次关注页面的上半部分；而纵向视觉边界促使消费者更多地首次关注页面的左半部分。并且视觉边界的存在还会阻碍个体注意力向最初浏览位置以外的其他页面位置转移。具体地，横向视觉边界促使个体将注意力更多地集中

第 7 章 研 究 结 论

于页面上半部分,而更少地到达页面下半部分;而纵向视觉边界则促使个体将注意力更多地集中于页面左半部分,而更少地到达页面右半部分。

第二,通过研究一,本书证实了视觉边界会降低消费者对页面内容物的感知数量,而该效应被注意力中介。具体地,横向视觉边界阻碍个体注意力向页面下半部分转移,导致消费者仅根据页面上半部分的数量信息去推测整体数量信息,最终造成对整体数量的低估;同理可得,纵向视觉边界也有相同的影响效应。并且无论视觉边界是直线型还是曲线型;无论页面内容物是文字型还是图片型;无论评估过程中是否存在时间压力,视觉边界对感知数量的影响均稳固存在。最后,当注意力被有效地引导至最初浏览位置之外的其他位置后,视觉边界的作用被削弱了。

第三,通过研究一,本书还扩展了视觉边界对感知数量影响的下游效应。当视觉边界的呈现让消费者感知广告中呈现的产品数量低时,会提升消费者对产品的购买意愿以及对产品提供商的评价。研究中梳理了相关推论:基于以往有关于产品包装及货架摆设的稀缺性研究,人们总是抱着"物以稀为贵"的观念(Castro et al., 2013; Ilyuk & Block, 2015; Parker & Lehmann, 2011; Yan et al., 2014),因此,一旦提供给消费者的产品选项呈现出"高数量"状态时,人们往往会感知"廉价",因此,减少他们的购买动机。反之,当产品项目呈现"低数量"状态时,则增加消费者的购买动机。此外,这种影响不仅会出现在对产品本身的评估上,也会扩展到产品背后的销售商。原因在于消费者认为愿意"烧钱"以更大空间来展示产品的商家更为有实力(Y. Huang et al., 2019; Pracejus et al., 2013; Pracejus et al., 2006)。

第四,通过研究二,本书验证了视觉边界会提高消费者对广告中最初浏览位置上的信息的记忆效果。具体地,横向视觉边界促使个体更多地将注意力集中到页面上半部分,导致该部分的信息由于受到了充分的关注,而被消费者记忆得更加准确;同理,纵向视觉边界则提升了个体对页面左半部分信息的记忆效果。并且无论对于何种产品信息类型、品牌、属性或广告语,均具有同样的效应。

第五,通过研究二,本书证实了视觉边界对信息记忆的影响会进一步延伸至消费者行为。以往的研究指出,消费者做出产品选择的主要依据是内部记忆和外部刺激，但记忆是更为重要的选择依据（Lynch et al.，1991；Park et al.，1989），它会促使消费者对产品产生正向态度及购买意图（Lynch & Srull，1982；Pechmann & Stewart，1990；Yoo，2008）。因此，在研究二中，研究人员进行了验证，发现纵向视觉边界促使个体对页面左半部分的产品信息记忆得更好，并导致了消费者更多地选择了相应的产品。

第六，通过研究三，本书证明了人际关系距离与视觉祝福边界两个变量的交互作用将通过感知祝福强度影响到消费者对礼物的选择。具体而言，当消费者计划为人际关系远的接收者挑选礼物时，视觉祝福边界（相比于无视觉边界）有助于提高感知祝福强度，从而促进了消费者对礼物的积极评价；相反地，当消费者计划为人际关系近的接收者挑选礼物时，该交互效应对感知祝福强度及后续的礼物评价的积极影响均被抑制。其内在机理在于：在人际关系远时，由于礼物赠送者缺乏接收者信息，不确定礼物是否让对方合意，所以他们倾向于强调礼物中包含的心意，表达出"礼轻情意重"的意思。相应地，使用视觉边界对礼物包装上的祝福信息进行包围修饰，通过集中注意力实现"效力大"与"引人注意"之间的关联式联想，从而提升祝福信息被感知的强度，最终增加消费者对该礼物的选择概率。反之，当消费者计划为人际关系近的接收者选择礼物时，他们拥有更为充足的接收者偏好信息，因此，他们对所选礼物的合意性是相对确定的，并更强调礼物本身，而弱化了对"礼轻情意重"意思的传达意图，最终导致消费者对视觉边界设计的选择偏好被削弱。

第七，通过研究三，本书进一步探讨上述人际距离与视觉边界对礼物选择行为的交互影响的边界条件，证明了当视觉边界被用于包围产品图片信息而非祝福信息时，预期的人际距离与视觉边界的交互影响将失效，这一结果也进一步验证了感知祝福强度作为内在解释机制的有效性，用调节的方式再次证明了感知祝福强度的中介作用。

综上所述，本书从注意、感知、认知、行为等方面总结相关研究结论，具体如表7.1所示。

第 7 章 研 究 结 论

表 7.1　　　　　　　　　　　　　研究结论

因素	研究结论
注意	1. 视觉边界显著地影响个体首次注视点的定位。具体地，相比于无视觉边界，横向视觉边界让消费者更多地将首次注视点定位于页面的上半部分；而纵向视觉边界让消费者更多地将首次注视点定位于页面的左半部分
	2. 视觉边界显著地影响消费者注意力分布情况。具体地，相比于无视觉边界，横向视觉边界促使消费者更多地将注意力放置在页面的上半部分，而更少地到达页面的下半部分；而纵向视觉边界促使消费者更多地将注意力放置在页面的左半部分，而更少地到达页面的右半部分
感知/认知	1. 视觉边界显著地影响消费者对页面内容物的感知数量。具体地，相比于无视觉边界，无论横向或纵向视觉边界均会使消费者对页面内容物的数量产生更低的估计
	2. 视觉边界显著地影响消费者对页面信息的记忆效果。具体地，相比于无视觉边界，横向视觉边界让消费者更好地记忆页面上半部分的信息内容；而纵向视觉边界让消费者更好地记忆页面左半部分的信息内容
	3. 视觉边界对购买意愿的影响。具体地，相比于无视觉边界，无论横向或纵向视觉边界，通过降低广告页面中产品的感知数量，提升消费者对产品的购买意愿
	4. 视觉边界对消费者感知商家实力的影响。具体地，相比于无视觉边界，无论横向或纵向视觉边界，通过降低广告页面中产品项的感知数量，提升消费者对商家营销实力的评估
	5. 视觉边界提升了消费者对祝福信息的感知强度。具体而言，相比于无视觉边界的情况，使用视觉边界包围祝福语信息会促使消费者在不自觉中更关注该信息，并在"如果－就"的过度泛化联结中建立"强度大（有效力）"与"吸引注意"两者之间的"如果－就"连接，从而使消费者推理被视觉边界包围的信息的祝福强度被增加了
行为	1. 视觉边界对消费者实际购买选择的影响。具体地，相比于无视觉边界，纵（横）向视觉边界提升了消费者对广告左（上）半部分页面中展示的产品的选择
	2. 人际关系距离影响视觉边界设计的选择。具体地，相比于亲近的人际关系，远的人际关系提升消费者对使用视觉边界包围祝福语信息的礼物的选择概率

资料来源：笔者整理。

7.2　创　新　点

本书的创新点主要包括以下六个方面。

第一，本书扩展了视觉边界的相关研究。以往对视觉边界的研究主要关注它所提供的如结构、秩序、控制、美感等感知（Cutright，2012；Cutright et al.，2013；Wen & Lurie，2019），或者聚焦于线条型视觉边界的象征意义，例如，曲线型边界往往表达着"精练"和"细致"；而直线型边界则更多地代表了"确定"和"直接"（Hagerty，1995）；同样地，水平型边界代表着"平静""和缓"；而垂直型边界则代表着"警觉""激烈"（Kandinsky & Rebay，1979；Dimov，2014）。这些研究均较少地涉及感知数量和信息记忆。本书对此进行了拓展，发现视觉边界会降低消费者对页面内容物的感知数量，并且提升消费者对页面最初浏览位置上的信息的记忆效果。

第二，本书扩展了对注意力的相关研究。以往的研究关注刺激物的视觉特征，如明亮的色彩、图片的大小、形状的奇特等，对注意力的影响（Smith，1991；Huh，1993；Hagtvedt & Brasel，2017）。但是较少研究探讨视觉边界作为一种普遍使用的线条型设计元素，对注意力产生怎样的影响。本书填补了相关空白，指出视觉边界本身并不会吸引消费者更多的关注，但是却可以有效地引导消费者的首次注视点定位，并将消费者注意力更多地限定于最初浏览位置上。因此，本书为视觉边界与注意力分布之间关系提供了一个新的研究视角。

第三，本书补充了感知数量的相关研究。以往的研究强调刺激物的特征，如形状、颜色、排布形式等对感知数量的影响。例如，瘦高型的产品包装相比于矮胖型的产品包装，前者让人感知容量更多（Raghubir & Krishna，1999）；而规则排布的内容物相比于混乱随机排布的内容物，前者让人感知数量更多（Redden & Hoch，2009）。本书则关注一个更为普遍而隐蔽的设计元素—视觉边界，它并不改变刺激物本身的特征，却通过改变消费者注意力的分布，而影响消费者对数量的感知。

第四，本书填补了信息记忆的相关研究。以往的研究主要关注信息的类型，如图片、文字或者音频（Childers & Houston，1984；Paivio，1990），以及个体的特征，如性别、年龄、识记能力、情绪等对信息记忆的影响（Meng，2004；Viswanathan et al.，2009；Lee & Sternthal，1999）。但是较少关注与目标对象无关的视觉线索对记忆的影响。本书通过实证分析，证明了视觉边界这样一种"无害"的视觉线索，却可以显著地影响消费者对信息的记忆效果，为探索记忆相关影响因素增加了一个新的观察视角。

第五，本书补充了现有关于文本交流的相关研究。现有的文本交流的文献发现，人们对文本内容的反应及交流效果不仅受到文本字面上意义的影响，而且受到其表现形式的影响，例如，不同的字体（楷体、宋体或艺术字体）或者不同的字体颜色（红色或者绿色）均能唤起不同的情感反应，并且这些表现形式还能在文本上添加额外的意义（Behe et al., 2020; Henderson et al., 2004; Lai, 2008; Magnini & Kim, 2016; Tantillo et al., 1995）。本书与之不同之处在于，本书证明了围绕祝福信息的视觉边界，既不同于文字内容本身，也不是文本的表现形式，而是一个看似更加"无关"的环境线索，但是这样一种视觉线索同样可以影响消费者对祝福强度的感知。

第六，完善了礼物包装领域的研究。本书关注礼物包装上的视觉边界这一普遍使用又鲜少被研究的设计元素，并发现由于礼物赠送者需要预判接收者的感知，因此，他们的选择行为不仅受制于礼物本身的含义，也对礼物外在包装传达出来的意义是敏感的。特别是当消费者赠予礼物的对象是一位关系较为疏远的人时，消费者更期望强调"心意"而非"礼物"，此时使用视觉边界设计元素去包围祝福信息正符合消费者对强调"心意"的需求，最终促成选择。

7.3 实践启示

本书提供了一定的市场营销实践贡献。现今营销实践中普遍存在的三大难题：第一，如何帮助消费者应对海量广告信息的冲击，解决消费者"不想看"的困境；第二，如何让消费者更好地记住关键信息，解决消费者"看什么"的困境；第三，如何帮助消费者完成礼物所含心意被理解的推测，解决消费者"如何看（理解）的困境"视觉边界为解决这三大困难提供了思路。

首先，消费者遭遇的广告信息量是巨大的，因此，普遍表现出对"处理大量信息"的排斥，例如，当消费者在商场中偶然看到一则促销产品广告，广告中林林总总地罗列了各种促销产品的图片，这么多产品信息扑面而来，让消费者感知到过度的产品信息量，此时的消费者更可能放弃处理该广告信息。但是，对商家而言，减少广告中呈现的产品选项的数量，可能面临

视觉边界对消费者感知数量、信息记忆及礼物选择行为的影响

"因提供了不够全面的产品选择，而流失顾客"的风险。因此，在保证总体信息量不变的前提下，通过设计元素的使用，在感知上降低消费者对信息量的感知，是商家所期望的。视觉边界设计可以有效地解决这一难题，在保证商家提供"足够多"选项的前提下，降低消费者感知的信息数量，增加消费者处理该广告中信息的可能性。

其次，商家对消费者传达的信息中并非所有的信息都是同等重要的，一些信息是商家特别希望消费者去关注并记住的，以往商家总是通过一些较为明显的方式引起消费者的注意，如放大主推产品的图片，或者增加主推产品的信息介绍，但是这样的做法往往显示出一种"刻意性"，随着消费者自身知识的积累，消费者会产生一定的防御心理，意识到商家某些做法的真实目的，使得商家的措施失效了。并且随着电子商务的发展，商家们通过网络平台展示自家的商品，他们花费大额的广告费用占据页面"左上"黄金位，但是往往达不到预期的效果，因为对于低参与度的消费者而言，他们在浏览页面时总是充满了"随意性"。而增加视觉边界设计，可以通过一种更为"隐蔽"的方式"告知"消费者，哪些信息是核心关键信息，是需要被关注的，从而帮助消费者更好地记住相关产品信息，实际提升"黄金展示位"的真正价值。

最后，解决消费者"如何看（理解）"的问题。"为他人选"相比于"为自己选"是一个更加复杂的决策环境，增加了决策的困难。在此环境中，消费者的决策需要依靠获取接收方偏好信息的多少，并且更多的情况是赠送者对接收者的了解知之甚少。所以营销人员需要帮助消费者完成"接收方是如何理解礼物所包含心意"的推测。使用视觉边界包围关键祝福信息，将帮助消费者建立传达祝福心意的信心，从而对消费者实际选择礼物的行为产生积极作用。这一结论对商家有相应的启示，对于某些特殊的产品，其赠送的目标对象大概率是关系亲密对象时，如情人节礼物、情侣装、亲子装等，针对此类礼物的包装可以减少视觉祝福边界元素的使用，从而适当地节约成本；但是，对于另一些产品，其赠送目标对象大概率是关系不怎么亲密的对象时，如月饼礼盒、茶叶礼盒，那么增加视觉祝福边界设计元素的使用可以增加礼物被选择的概率。

第 7 章 研 究 结 论

7.4 研究局限和未来研究方向

本书中仍存在一定的不足之处也有待进一步发展。主要有几个方面。

第一，本书探讨的视觉边界的呈现形式较为单一。尽管本书探讨了横向、纵向、直线、曲线、边框等类型的视觉边界，但是视觉边界的呈现形式可能更为多样化，它还可以是空白（更大的留白类型的视觉边界）、虚线或色块。本书的研究结论可能扩展至其他类型的视觉边界，但对于视觉边界数量上的变化是否会产生其他的影响还未经探讨，这也是后续研究的方向，根据本书的逻辑思路可以推测，随着页面中的视觉边界从一条增加到两条或三条，其影响作用应该是随之增强的。以感知数量这一结果变量为例，可以推测随着页面中呈现的视觉边界数量越多，页面内容物的感知数量越少。最后，视觉边界也可以在呈现位置上发生变化，例如，视觉边界在页面中呈现的位置不再是"居中"状态，而发生了向左、向右或向上、向下的偏移，可以推测，随着偏移位置的逐渐增加，视觉边界的影响将被减弱，位置的偏移可能导致视觉边界对注意力分布影响被减弱。这些推测还有待在后续研究中进一步探讨。

第二，本书采用实验方法进行数据获取，即有实验室实验、眼动实验、田野实验，保证了本书的内部效度和外部效度。被试范围既有学生群体也有非学生群体，既有东方文化背景的群体也有西方文化背景的群体，避免了被试的同质性问题。但考虑到视觉边界在营销实践领域有较为广泛的应用，因此，获取行业数据，例如，和生产企业合作，通过在实际销售产品的广告或包装上增加视觉边界元素，收集相关的二手销售数据，验证本书假设是未来完善本研究的方向。

第三，本书中对相关的可能造成影响的调节因素的考虑较少，也就是回答在何种情景下该效应会增强或减弱的调节变量被较少地考察。消费者可能由于某些个体特质、动机或已有知识，对产品信息搜索或购买决策是有既定的目的和标准的，因此，受到视觉边界的影响可能也不尽相同。例如，性别因素对该效应的调节，男性购物比女性购物更趋于理性化，当男性对此类产品具有明确需求时，他愿意投入更多的精力去搜索信息，也更有可能跨越视觉边界以获取更多信息；反之，当无明确需求时，男性则更加不耐心，受视觉边界的影响更明显，也对信息的感知数量更加敏感等。这些影响因素都有待进一步探索。

第四，本书更多地从感知和认知层面，关注了视觉边界的后续影响，虽然涉及了一些行为结果的变量，但后续的研究可以在行为层面上有更多的扩展。可扩展的方向如决策模式、即时购买等。以目前的研究为基础可以推测，边框型或色块型视觉边界可以将消费者的注意力集中在边界内部，那么边界内部的产品可以获取更高的关注，同时也更多地消耗消费者的认知资源，这可能改变消费者的思维模式及行为，导致消费者放弃进行产品选项之间的对比，而增加个体的即时购买。

第五，本书主要关注了视觉边界的结果变量，较少涉及其前因变量，因此，后续可以进一步扩展视觉边界的前因变量，探讨何种因素影响了消费者对视觉边界的偏好。事实上，这对营销实践是具有重要意义的，针对不同类型的产品，产品是属性特质与包装元素的匹配性将直接影响消费者对其的选择。理论上，视觉边界具有象征意义，即代表着"限制""约束"和"保护"，但这些象征意义似乎引申出更深层次的"仪式性感知"。因此，在某些特定的产品类型中，如包含文化元素的纪念品，个体可能出于对仪式性感知的追求，会更加偏好视觉边界设计。这些推论有待后续研究中进一步扩展和完善理论模型。

附　　录

附录一：前测实验材料

前测：简单图形测验

第一组实验材料：　　有视觉边界　　　无视觉边界

第二组实验材料：

139

附录二：研究一实验材料

实验一：菜单实验

有视觉边界　　　　　　　　无视觉边界

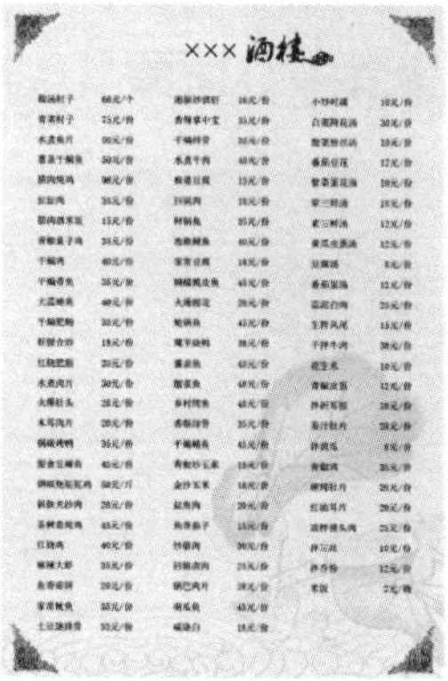

实验二：相亲网站实验

有视觉边界　　　　　　　　无视觉边界

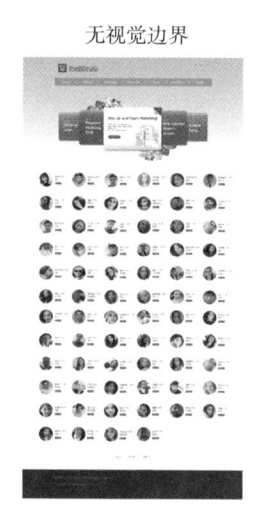

附　录

实验三：App 网页眼动实验

有视觉边界　　　　　　　　　　无视觉边界

实验四：跑鞋广告实验

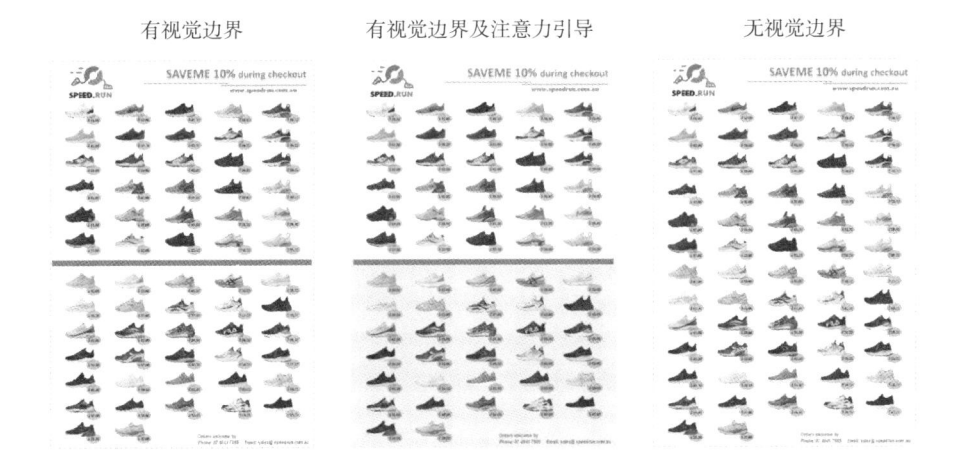

有视觉边界　　　　有视觉边界及注意力引导　　　　无视觉边界

视觉边界对消费者感知数量、信息记忆及礼物选择行为的影响

实验五：鲜花花束实验

横向型视觉边界　　　纵向型视觉边界 　　　无视觉边界

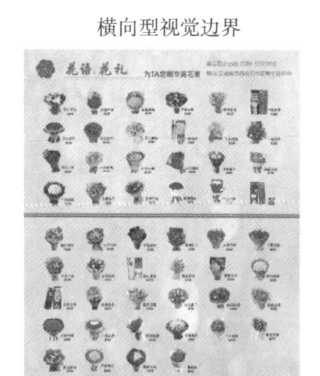

实验六：时间压力实验

有视觉边界　　　　　　　　无视觉边界

附　　录

附录三：研究二实验材料

实验一：Apple Watch 实验

　　　　有视觉边界　　　　　　　　　　　　无视觉边界

143

视觉边界对消费者感知数量、信息记忆及礼物选择行为的影响

实验二：牙膏广告实验

纵向视觉边界

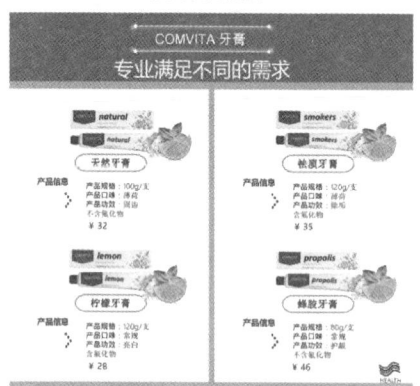

横向视觉边界

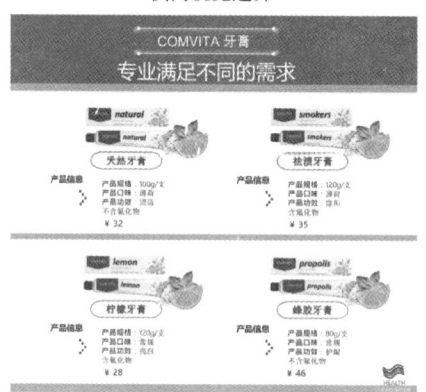

无视觉边界

附　　录

实验三：牙膏广告眼动实验

有视觉边界　　　　　　　　　　　　　无视觉边界

实验四：蜜饯产品广告实验

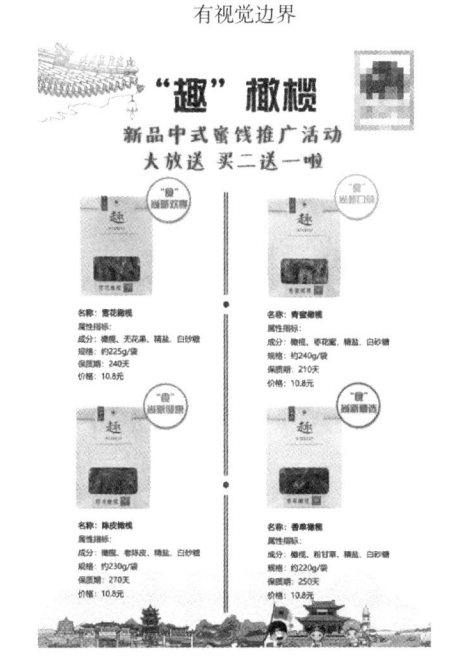

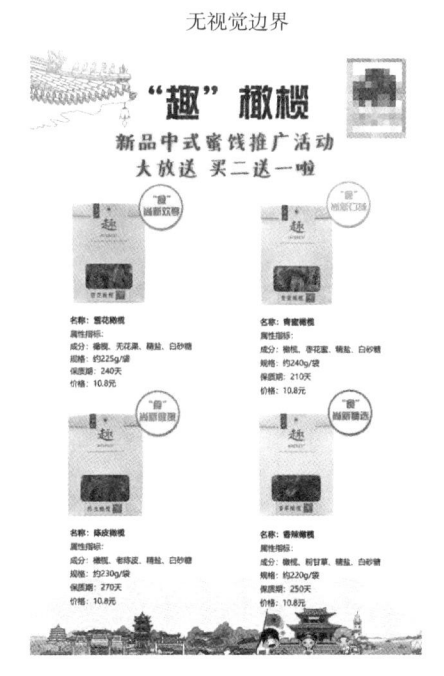

有视觉边界　　　　　　　　　　　　　无视觉边界

145

视觉边界对消费者感知数量、信息记忆及礼物选择行为的影响

附录四：研究三实验材料

实验一：贺卡实验

有视觉祝福边界　　　　　　　　　无视觉祝福边界

实验二：礼盒实验

有视觉祝福边界　　　　　　　　　无视觉祝福边界

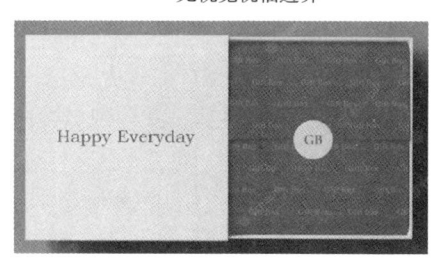

实验三：巧克力礼盒实验

有祝福视觉边界　　　　　　　　　　　无祝福视觉边界

实验四：钢笔礼盒实验

视觉祝福边框　　　　　视觉产品边框　　　　　无视觉边框

参 考 文 献

[1] 曹菲，王霞．(2018)．敬畏情绪对消费者有边界品牌标识偏好的影响．消费经济，34（4）．68－75．

[2] 陈瑞，郑毓煌．(2015)．孤独感对不确定消费偏好的影响：新产品、产品包装和概率促销中的表现．心理学报，47（8），1067－1076．

[3] 程灶火，王湘．(2003)．间接与直接记忆测验的对比研究．中国临床心理学杂志，11（4），260－263．

[4] 杜伟宇，姜豪，叶洋，仇赛男．(2017)．混乱物理环境对消费者品牌标识边界偏好的影响——控制感的中介作用．营销科学学报，1（3），25－37．

[5] 孟宪平．(2016)．马克思主义视域中的文化边界及其守护分析．南京师范大学学报（社会科学版），4（1），5－13．

[6] 童璐琼．(2015)．权力状态对消费者边界偏好的影响．心理学报，47（11），1371－1378．

[7] 王雅青．(2016)．孤独感对商标边界偏好的影响．(92)，陕西师范大学，西安．

[8] 周菲，白晓君．(2009)．国外心理边界理论研究述评．郑州大学学报（哲学社会科学版），42（2），12－15．

[9] Adderio, L. (2001). Crafting the virtual prototype: How firms integrate knowledge and capabilities across organisational boundaries. *Research Policy*, 30 (9), 1409－1424.

[10] Aknin, L. B., & Human, L. J. (2015). Give a piece of you: Gifts that reflect givers promote closeness. *Journal of Experimental Social Psychology*,

60, 8-16.

[11] Albert, M., & Moss, M. (1984). The assessment of memory disorders in patients with Alzheimer's disease. *Neuropsychology of memory*, 236-246.

[12] Alexa. (2017). Top Sites: Shopping (accessed September 16, 2017). 92 (2), 173. http://www.alexa.com/topsites/category/Top/Shopping, 2017.

[13] Allan, D. (2006). Effects of popular music in advertising on attention and memory. *Journal of Advertising Research*, 46 (4), 434-444.

[14] Allen, G. L. (1981). A developmental perspective on the effects of "subdividing" macrospatial experience. *Journal of Experimental Psychology: Human Learning and Memory*, 7 (2), 120-132.

[15] Allen, G. L., & Kirasic, K. C. (1985). Effects of the cognitive organization of route knowledge on judgments of macrospatial distance. *Memory & Cognition*, 13 (3), 218-227.

[16] Allen, G. L., Siegel, A. W., & Rosinski, R. R. (1978). The role of perceptual context in structuring spatial knowledge. *Journal of Experimental Psychology: Human learning and memory*, 4 (6), 617-630.

[17] Allik, J., & Tuulmets, T. (1991). Occupancy model of perceived numerosity. *Perception & psychophysics*, 49 (4), 303-314.

[18] Alpert, F. H., & Kamins, M. A. (1995). An empirical investigation of consumer memory, attitude, and perceptions toward pioneer and follower brands. *Journal of Marketing*, 59 (4), 34-45.

[19] Ambler, T., & Burne, T. (1999). The impact of affect on memory of advertising. *Journal of Advertising Research*, 39, 25-34.

[20] Amit, E., Algom, D., & Trope, Y. (2009). Distance-dependent processing of pictures and words. *Journal of experimental psychology: General*, 138 (3), 400-415.

[21] Amit, E., Wakslak, C., & Trope, Y. (2013). The Use of Visual and Verbal Means of Communication Across Psychological Distance. *Personality & Social Psychology Bulletin*, 39 (1), 43-56.

[22] Anand, P., & Sternthal, B. (1990). Ease of message processing as a moderator of repetition effects in advertising. *Journal of Marketing Research*, 27

(3), 345 – 353.

[23] Anderson, S. P., & De Palma, A. (2012). Competition for attention in the information (overload) age. *The RAND Journal of Economics*, 43 (1), 1 – 25.

[24] Antes, J. R. (1974). The time course of picture viewing. *Journal of experimental psychology*, 103 (1), 62.

[25] Argo, J. J., Dahl, D. W., & Morales, A. C. (2006). Consumer contamination: How consumers react to products touched by others. *Journal of Marketing*, 70 (2), 81 – 94.

[26] Argo, J. J., Dahl, D. W., & Morales, A. C. (2008). Positive consumer contagion: Responses to attractive others in a retail context. *Journal of Marketing Research*, 45 (6), 690 – 701.

[27] Aron, A., Aron, E. N., Tudor, M., & Nelson, G. (1991). Close relationships as including other in the self. *Journal of personality and Social Psychology*, 60 (2), 241 – 253.

[28] Aron, A., & Fraley, B. (1999). Relationship closeness as including other in the self: Cognitive underpinnings and measures. *Social Cognition*, 17 (2), 140 – 160.

[29] Atkinson, R. C., & Shiffrin, R. M. (1968). Human memory: A proposed system and its control processes. In*Psychology of learning and motivation* (Vol. 2, pp. 89 – 195): Elsevier.

[30] Bacon, W. F., & Egeth, H. E. (1994). Overriding stimulus-driven attentional capture. *Perception & psychophysics*, 55 (5), 485 – 496.

[31] Baddeley, A. D., & Andrade, J. (2000). Working memory and the vividness of imagery. *Journal of experimental psychology: General*, 129 (1), 126 – 145.

[32] Baddeley, A. D., & Hitch, G. J. (1994). Developments in the concept of working memory. *Neuropsychology*, 8 (4), 485.

[33] Baddeley, A. D., Lewis, V., Eldridge, M., & Thomson, N. (1984). Attention and retrieval from long-term memory. *Journal of experimental psychology: General*, 113 (4), 518 – 530.

参 考 文 献

[34] Bagchi, R., & Cheema, A. (2013). The effect of red background color on willingness-to-pay: The moderating role of selling mechanism. *Journal of consumer research*, 39 (5), 947 – 960.

[35] Baskin, E., Wakslak, C. J., Trope, Y., & Novemsky, N. (2014). Why feasibility matters more to gift receivers than to givers: A construal-level approach to gift giving. *Journal of Consumer Research*, 41 (1), 169 – 182.

[36] Batson, C. D. (1991). *The altruism question: Toward a social-psychological answer*. Hillsdale, NJ: Erlbaum: Psychology Press.

[37] Batson, C. D., Sager, K., Garst, E., Kang, M., Rubchinsky, K., & Dawson, K. (1997). Is empathy-induced helping due to self-other merging? *Journal of personality and Social Psychology*, 73 (3), 495 – 509.

[38] Baylis, G. C., & Driver, J. (1992). Visual parsing and response competition: The effect of grouping factors. *Perception & psychophysics*, 51 (2), 145 – 162.

[39] Baylis, G. C., & Driver, J. (1993). Visual attention and objects: Evidence for hierarchical coding of location. *Journal of Experimental Psychology: Human Perception and Performance*, 19 (3), 451.

[40] Beauchamp, M. S., Petit, L., Ellmore, T. M., Ingeholm, J., & Haxby, J. V. (2001). A parametric fMRI study of overt and covert shifts of visuospatial attention. *Neuroimage*, 14 (2), 310 – 321.

[41] Becker, G. S., & Murphy, K. M. (1993). A simple theory of advertising as a good or bad. *The quarterly journal of economics*, 108 (4), 941 – 964.

[42] Beckwith, M., & Restle, F. (1966). Process of enumeration. *Psychological review*, 73 (5), 437 – 444.

[43] Been, R. T., Braunstein, M. L., & Piazza, M. H. (1964). Judgment of volume reduction in distorted metal containers. *Journal of engineering psychology*, 3 (1), 23 – 27.

[44] Behe, B. K., Knuth, M. J., Huddleston, P. T., & Hall, C. R. (2020). Seeing red? The role of font color, size, and sale sign location in retail garden center displays. *Journal of Environmental Horticulture*, 38 (4), 120 – 127.

[45] Belch, G. E. (1982). The effects of television commercial repetition on cognitive response and message acceptance. *Journal of consumer research*, 9 (1), 56 – 65.

[46] Belk, R. W. (1976). It's the thought that counts: A signed digraph analysis of gift-giving. *Journal of Consumer Research*, 3 (3), 155 – 162.

[47] Belk, R. W. (2010). Sharing. *Journal of Consumer Research*, 36 (5), 715 – 734.

[48] Bentin, S., Kutas, M., & Hillyard, S. A. (1995). Semantic processing and memory for attended and unattended words in dichotic listening: Behavioral and electrophysiological evidence. *Journal of Experimental Psychology: Human Perception and Performance*, 21 (1), 54 – 67.

[49] Berscheid, E., Snyder, M., & Omoto, A. M. (1989). The Relationship Closeness Inventory: Assessing the closeness of interpersonal relationships. *Journal of personality and Social Psychology*, 57 (5), 792 – 807.

[50] Bestgen, A. -K., Edler, D., Dickmann, F., & Kuchinke, L. (2013). *Grid or no grid: Distance distortion in recognizing spatial information from complex cartographic maps.* Paper presented at the Proceedings of the Annual Meeting of the Cognitive Science Society.

[51] Bettman, J. R., Johnson, E. J., Luce, M. F., & Payne, J. W. (1993). Correlation, conflict, and choice. *Journal of Experimental Psychology: Learning, Memory, and Cognition*, 19 (4), 931 – 940.

[52] Bichot, N. P., Thompson, K. G., Rao, S. C., & Schall, J. D. (2001). Reliability of macaque frontal eye field neurons signaling saccade targets during visual search. *Journal of Neuroscience*, 21 (2), 713 – 725.

[53] Bisley, J. W. (2011). The neural basis of visual attention. *The Journal of physiology*, 589 (1), 49 – 57.

[54] Bitner, M. J. (1990). Evaluating service encounters: The effects of physical surroundings and employee responses. *Journal of Marketing*, 54 (2), 69 – 82.

[55] Blijlevens, J., Thurgood, C., Hekkert, P., Chen, L. -L., Leder, H., & Whitfield, T. (2017). The Aesthetic Pleasure in Design Scale: The

development of a scale to measure aesthetic pleasure for designed artifacts. *Psychology of Aesthetics, Creativity, and the Arts*, 11 (1), 86 – 98.

[56] Bonnel, A.-M., Stein, J.-F., & Bertucci, P. (1992). Does attention modulate the perception of luminance changes? *The Quarterly Journal of Experimental Psychology Section A*, 44 (4), 601 – 626.

[57] Bornstein, R. F., Leone, D. R., & Galley, D. J. (1987). The generalizability of subliminal mere exposure effects: Influence of stimuli perceived without awareness on social behavior. *Journal of personality and social psychology*, 53 (6), 1070 – 1079.

[58] Bower, G. H. (1970). Imagery as a relational organizer in associative learning. *Journal of Verbal Learning and Verbal Behavior*, 9 (5), 529 – 533.

[59] Bradley, S. D., Angelini, J. R., & Lee, S. (2007). Psychophysiological and memory effects of negative political ads: Aversive, arousing, and well remembered. *Journal of Advertising*, 36 (4), 115 – 127.

[60] Braun – LaTour, K. A., LaTour, M. S., Pickrell, J. E., & Loftus, E. F. (2004). How and when advertising can influence memory for consumer experience. *Journal of Advertising*, 33 (4), 7 – 25.

[61] Brewer, M. B., & Gardner, W. (1996). Who is this "We"? Levels of collective identity and self representations. *Journal of personality and social psychology*, 71 (1), 83.

[62] Brooks, C. M., Kaufmann, P. J., & Lichtenstein, D. R. (2004). Travel configuration on consumer trip-chained store choice. *Journal of consumer research*, 31 (2), 241 – 248.

[63] Brosvic, G. M., & Cohen, B. D. (1988). The horizontal-vertical illusion and knowledge of results. *Perceptual and motor skills*, 67 (2), 463 – 469.

[64] Brown, H., Sharma, N., & Kirsner, K. (1984). The role of script and phonology in lexical representation. *The Quarterly Journal of Experimental Psychology Section A*, 36 (3), 491 – 505.

[65] Burger, J. M., Messian, N., Patel, S., Del Prado, A., & Anderson, C. (2004). What a coincidence! The effects of incidental similarity on compliance. *Personality and Social Psychology Bulletin*, 30 (1), 35 – 43.

[66] Burgess, N., & Hitch, G. J. (2006). A revised model of short-term memory and long-term learning of verbal sequences. *Journal of Memory and Language*, 55 (4), 627 – 652.

[67] Burke, R. R., & Srull, T. K. (1988). Competitive interference and consumer memory for advertising. *Journal of consumer research*, 15 (1), 55 – 68.

[68] Burris, C. T., & Branscombe, N. R. (2005). Distorted distance estimation induced by a self-relevant national boundary. *Journal of Experimental Social Psychology*, 41 (3), 305 – 312.

[69] Burris, C. T., & Rempel, J. K. (2004). "It's the end of the world as we know it": Threat and the spatial-symbolic self. *Journal of personality and social psychology*, 86 (1), 19.

[70] Buschman, T. J., & Miller, E. K. (2007). Top-down versus bottom-up control of attention in the prefrontal and posterior parietal cortices. *science*, 315 (5820), 1860 – 1862.

[71] Buschman, T. J., & Miller, E. K. (2009). Serial, covert shifts of attention during visual search are reflected by the frontal eye fields and correlated with population oscillations. *Neuron*, 63 (3), 386 – 396.

[72] Buunk, B. P., & Schaufeli, W. B. (1999). Reciprocity in interpersonal relationships: An evolutionary perspective on its importance for health and well-being. *European Review of Social Psychology*, 10 (1), 259 – 291.

[73] Byrne, R. W. (1979). Memory for urban geography. *The quarterly journal of experimental psychology*, 31 (1), 147 – 154.

[74] Cameron, E. L., Tai, J. C., & Carrasco, M. (2002). Covert attention affects the psychometric function of contrast sensitivity. *Vision research*, 42 (8), 949 – 967.

[75] Caprariello, P. A., & Reis, H. T. (2013). To do, to have, or to share? Valuing experiences over material possessions depends on the involvement of others. *Journal of personality and Social Psychology*, 104 (2), 199 – 215.

[76] Carmon, Z. (1991). Recent studies of time in consumer behavior. *ACR North American Advances*.

[77] Carrasco, M., & McElree, B. (2001). Covert attention accelerates the rate of visual information processing. *Proceedings of the National Academy of Sciences*, 98 (9), 5363–5367.

[78] Carrier, J. (1990). Gifts in a world of commodities: The ideology of the perfect gift in American society. *Social Analysis*, 1 (29), 19–37.

[79] Carroll, M., Byrne, B., & Kirsner, K. (1985). Autobiographical memory and perceptual learning: A developmental study using picture recognition, naming latency, and perceptual identification. *Memory & Cognition*, 13 (3), 273–279.

[80] Carter, T. J., & Gilovich, T. (2010). The relative relativity of material and experiential purchases. *Journal of personality and Social Psychology*, 98 (1), 146–159.

[81] Carter, T. J., & Gilovich, T. (2012). I am what I do, not what I have: The differential centrality of experiential and material purchases to the self. *Journal of personality and Social Psychology*, 102 (6), 1304–1317.

[82] Castro, I. A., Morales, A. C., & Nowlis, S. M. (2013). The influence of disorganized shelf displays and limited product quantity on consumer purchase. *Journal of Marketing*, 77 (4), 118–133.

[83] Chae, B., & Zhu, R. (2014). Environmental disorder leads to self-regulatory failure. *Journal of consumer research*, 40 (6), 1203–1218.

[84] Chan, C., & Mogilner, C. (2017). Experiential gifts foster stronger social relationships than material gifts. *Journal of Consumer Research*, 43 (6), 913–931.

[85] Chandon, P., & Ordabayeva, N. (2009). Supersize in one dimension, downsize in three dimensions: Effects of spatial dimensionality on size perceptions and preferences. *Journal of Marketing Research*, 46 (6), 739–753.

[86] Chen, Y.-S. A., & Bei, L.-T. (2019). Free the brand: How a logo frame influences the potentiality of brand extensions. *Journal of Brand Management*, 26 (4), 349–364.

[87] Childers, T. L., & Houston, M. J. (1984). Conditions for a picture-superiority effect on consumer memory. *Journal of consumer research*, 11 (2),

643 – 654.

［88］Childers, T. L., & Jass, J. (2002). All dressed up with something to say: Effects of typeface semantic associations on brand perceptions and consumer memory. *Journal of Consumer Psychology*, 12 (2), 93 – 106.

［89］Choi, W. J., Park, J., & Yoon, H. -J. (2018). Your gift choice for your boss versus your subordinate would not be the same: The interplay of power and giver-receiver role on consumers' gift preferences. *Journal of Business Research*, 91, 1 – 7.

［90］Cialdini, R. B., Brown, S. L., Lewis, B. P., Luce, C., & Neuberg, S. L. (1997). Reinterpreting the empathy-altruism relationship: When one into one equals oneness. *Journal of personality and Social Psychology*, 73 (3), 481 – 494.

［91］Cialdini, R. B., Trost, M. R., & Newsom, J. T. (1995). Preference for consistency: The development of a valid measure and the discovery of surprising behavioral implications. *Journal of personality and Social Psychology*, 69 (2), 318.

［92］Clark, M. S., & Mills, J. (1979). Interpersonal attraction in exchange and communal relationships. *Journal of personality and Social Psychology*, 37 (1), 12 – 24.

［93］Clark, M. S., & Mills, J. (1993). The difference between communal and exchange relationships: What it is and is not. *Personality and Social Psychology Bulletin*, 19 (6), 684 – 691.

［94］Codispoti, M., & De Cesarei, A. (2007). Arousal and attention: Picture size and emotional reactions. *Psychophysiology*, 44 (5), 680 – 686.

［95］Cohen, J. B., Belyavsky, J., & Silk, T. (2008). Using visualization to alter the balance between desirability and feasibility during choice. *Journal of Consumer Psychology*, 18 (4), 270 – 275.

［96］Cohen, R., & Weatherford, D. L. (1980). Effects of route traveled on the distance estimates of children and adults. *Journal of Experimental Child Psychology*, 29 (3), 403 – 412.

［97］Coren, S., & Girgus, J. S. (1980). Principles of perceptual organization and spatial distortion: The gestalt illusions. *Journal of Experimental Psychology: Human Perception Performance*, 6 (3), 404 – 412.

[98] Cornil, Y., Ordabayeva, N., Kaiser, U., Weber, B., & Chandon, P. (2014). The acuity of vice: Attitude ambivalence improves visual sensitivity to increasing portion sizes. *Journal of Consumer Psychology*, 24 (2), 177 – 187.

[99] Cowan, N. (2008). What are the differences between long-term, short-term, and working memory? *Progress in brain research*, 169, 323 – 338.

[100] Craik, F. I. (1983). On the transfer of information from temporary to permanent memory. *Philosophical Transactions of the Royal Society of London. B, Biological Sciences*, 302 (1110), 341 – 359.

[101] Craik, F. I., Govoni, R., Naveh – Benjamin, M., & Anderson, N. D. (1996). The effects of divided attention on encoding and retrieval processes in human memory. *Journal of experimental psychology: General*, 125 (2), 159 – 180.

[102] Craik, F. I., & McDowd, J. M. (1987). Age differences in recall and recognition. *Journal of Experimental Psychology: Learning, Memory, and Cognition*, 13 (3), 474 – 479.

[103] Cutright, K. M. (2012). The beauty of boundaries: When and why we seek structure in consumption. *Journal of consumer research*, 38 (5), 775 – 790.

[104] Cutright, K. M., Bettman, J. R., & Fitzsimons, G. J. (2013). Putting brands in their place: How a lack of control keeps brands contained. *Journal of Marketing Research*, 50 (3), 365 – 377.

[105] Cutzu, F., & Tsotsos, J. K. (2003). The selective tuning model of attention: Psychophysical evidence for a suppressive annulus around an attended item. *Vision research*, 43 (2), 205 – 219.

[106] Dainoff, M. J., Miskie, D., Wilson, C., & Crane, P. (1974). Psychophysical measurement of environmental distance. In D. H. Carson (Ed.), *Man-environment interactions: Evaluations and associations*. New York: Dowden, Hutchinson and Ross: University of Milwaukee.

[107] Dehaene, S. (1992). Varieties of numerical abilities. *Cognition*, 44 (1), 1 – 42.

[108] Dehaene, S. (2011). *The number sense: How the mind creates mathematics*. New York: Oxford University Press.

[109] Desimone, R., & Duncan, J. (1995). Neural mechanisms of selective visual attention. *Annual review of neuroscience*, 18 (1), 193 – 222.

[110] Deubel, H., & Schneider, W. X. (1993). There is no expressway to a comprehensive theory of the coordination of vision, eye movements and visual attention. *Behavioral and Brain Sciences*, 16 (3), 575 – 576.

[111] Dick, A., Chakravarti, D., & Biehal, G. (1990). Memory-based inferences during consumer choice. *Journal of consumer research*, 17 (1), 82 – 93.

[112] Dickson, P. R., & Sawyer, A. G. (1990). The price knowledge and search of supermarket shoppers. *Journal of Marketing*, 54 (3), 42 – 53.

[113] DiGiulio, D. V., Seidenberg, M., Oleary, D. S., & Raz, N. (1994). Procedural and declarative memory: A developmental study. *Brain and Cognition*, 25 (1), 79 – 91.

[114] Downing, P. E. (2000). Interactions between visual working memory and selective attention. *Psychological Science*, 11 (6), 467 – 473.

[115] Duncan, J. (1980). The locus of interference in the perception of simultaneous stimuli. *Psychological review*, 87 (3), 272.

[116] Duncan, J. (1984). Selective attention and the organization of visual information. *Journal of experimental psychology: General*, 113 (4), 501.

[117] Edwards, S. M., Li, H., & Lee, J. -H. (2002). Forced exposure and psychological reactance: Antecedents and consequences of the perceived intrusiveness of pop-up ads. *Journal of Advertising*, 31 (3), 83 – 95.

[118] Egeth, H. E., & Yantis, S. (1997). Visual attention: Control, representation, and time course. *Annual review of psychology*, 48 (1), 269 – 297.

[119] Eich, E. (1984). Memory for unattended events: Remembering with and without awareness. *Memory & Cognition*, 12 (2), 105 – 111.

[120] Eichenbaum, H. (1997). Declarative memory: Insights from cognitive neurobiology. *Annual review of psychology*, 48 (1), 547–572.

[121] Eraslan, S., Yesilada, Y., & Harper, S. (2016). Eye tracking scanpath analysis techniques on web pages: A survey, evaluation and comparison. *Journal of Eye Movement Research*, 9 (1).

[122] Eriksen, C. W., & James, J. D. S. (1986). Visual attention within and around the field of focal attention: A zoom lens model. *Perception & psychophysics*, 40 (4), 225–240.

[123] Eriksen, C. W., & Yeh, Y.-y. (1985). Allocation of attention in the visual field. *Journal of Experimental Psychology: Human Perception and Performance*, 11 (5), 583.

[124] Ernst, J. M., & Cacioppo, J. T. (1999). Lonely hearts: Psychological perspectives on loneliness. *Applied and Preventive Psychology*, 8 (1), 1–22.

[125] Eviatar, Z. (1991). *The Fine Line: Making Distinctions in Everyday Life*. Chicago: University of Chicago Press.

[126] Fagan Ⅲ, J. F. (1974). Infant recognition memory: The effects of length of familiarization and type of discrimination task. *Child development*, 45 (2), 351–356.

[127] Fajardo, T. M., Zhang, J., & Tsiros, M. (2016). The contingent nature of the symbolic associations of visual design elements: The case of brand logo frames. *Journal of Consumer Research*, 43 (4), 549–566.

[128] Federn, P. (1935). The ego as subject and object in narcissism. *The Psychoanalytic Review* (1913–1957), 22, 212.

[129] Finger, F. W., & Spelt, D. K. (1947). The illustration of the horizontal-vertical illusion. *Journal of experimental psychology*, 37 (3), 243–250.

[130] Fishbach, A., & Zhang, Y. (2008). Together or apart: When goals and temptations complement versus compete. *Journal of personality and social psychology*, 94 (4), 547–559.

[131] Fisk, A. D., & Schneider, W. (1984). Memory as a function of attention, level of processing, and automatization. *Journal of Experimental Psychol-*

ogy: *Learning, Memory, and Cognition*, 10 (2), 181 – 197.

[132] Flynn, F. J., & Adams, G. S. (2009). Money can't buy love: Asymmetric beliefs about gift price and feelings of appreciation. *Journal of Experimental Social Psychology*, 45 (2), 404 – 409.

[133] Folk, C. L., & Remington, R. (1998). Selectivity in distraction by irrelevant featural singletons: Evidence for two forms of attentional capture. *Journal of Experimental Psychology*: *Human Perception and Performance*, 24 (3), 847.

[134] Folkes, V., & Matta, S. (2004). The effect of package shape on consumers' judgments of product volume: Attention as a mental contaminant. *Journal of Consumer Research*, 31 (2), 390 – 401.

[135] Frayman, B. J., & Dawson, W. E. (1981). The effect of object shape and mode of presentation on judgments of apparent volume. *Perception & psychophysics*, 29 (1), 56 – 62.

[136] Frith, C. D., & Frith, U. (1972). The solitaire illusion: An illusion of numerosity. *Perception & psychophysics*, 11 (6), 409 – 410.

[137] Fujita, K., Henderson, M. D., Eng, J., Trope, Y., & Liberman, N. (2006). Spatial distance and mental construal of social events. *Psychological Science*, 17 (4), 278 – 282.

[138] Fuller, S. (2003). *Creating and contesting boundaries: Exploring the dynamics of conflict and classification.* Paper presented at the Sociological Forum.

[139] Garber Jr, L. L., Hyatt, E. M., & Boya, Ü. Ö. (2008). Does visual package clutter obscure the communicabilty of food package shape? *Journal of Food Products Marketing*, 14 (4), 21 – 32.

[140] Gardiner, S. D. (2015). *Closer Than You Think: The Influence of Border Bias on Perceptions of Mapped Hazards.* Undergraduate Review.

[141] George, K. A. (1955). *The psychology of personal constructs: A theory of personality.* New York: Norton.

[142] Ger, G., & Yenicioglu, B. (2004). *Clean and dirty: Playing with boundaries of consumer's safe havens.* Paper presented at the ACR North American Advances.

[143] Giesler, M. (2006). Consumer gift systems. *Journal of Consumer Re-*

search, 33 (2), 283-290.

[144] Gilovich, T., Kumar, A., & Jampol, L. (2015). A wonderful life: Experiential consumption and the pursuit of happiness. *Journal of Consumer Psychology*, 25 (1), 152-165.

[145] Ginsburg, N. (1978). Perceived Numerosity, Item Arrangement, and Expectancy. *Am J Psychol*, 91 (2), 267-273.

[146] Ginsburg, N. (1980). The regular-random numerosity illusion: Rectangular patterns. *The Journal of General Psychology*, 103 (2), 211-216.

[147] Givi, J., & Galak, J. (2017). Sentimental value and gift giving: Givers' fears of getting it wrong prevents them from getting it right. *Journal of Consumer Psychology*, 27 (4), 473-479.

[148] Givi, J., & Galak, J. (2022). Gift recipients' beliefs about occasion-based and nonoccasion-based gifts: The importance of signaling care and meeting expectations in gift giving. *Journal of Consumer Psychology*, 32 (3), 445-465.

[149] Gmuer, A., Siegrist, M., & Dohle, S. (2015). Does wine label processing fluency influence wine hedonics? *Food Quality and Preference*, 44, 12-16.

[150] Gobell, J., & Carrasco, M. (2005). Attention alters the appearance of spatial frequency and gap size. *Psychological Science*, 16 (8), 644-651.

[151] Godijn, R., & Theeuwes, J. (2002). Programming of endogenous and exogenous saccades: Evidence for a competitive integration model. *Journal of Experimental Psychology: Human Perception and Performance*, 28 (5), 1039.

[152] Goldstein, N. J., & Cialdini, R. B. (2007). The spyglass self: A model of vicarious self-perception. *Journal of personality and social psychology*, 92 (3), 402-417.

[153] Gollwitzer, P. M., & Moskowitz, G. B. (1996). Goal effects on action and cognition. In E. T. Higgins & A. W. Kruglanski (Eds.), *Social psychology: Handbook of basic principles* (pp. 361-399). New York: Guilford Press.

[154] Goodman, J. K. (2014). *Giving happiness: Do experiential gifts lead*

to more happiness? Paper presented at the ACR North American Advances.

［155］Goodman, J. K. , & Lim, S. (2018). When consumers prefer to give material gifts instead of experiences: The role of social distance. *Journal of Consumer Research*, 45 (2), 365 – 382.

［156］Gorn, G. J. , & Goldberg, M. E. (1991). Music and information in commercials: Their effects with an elderly sample. *Journal of Advertising Research*, 31 (5), 23 – 32.

［157］Graf, P. , & Schacter, D. L. (1985). Implicit and explicit memory for new associations in normal and amnesic subjects. *Journal of Experimental Psychology: Learning, Memory, and Cognition*, 11 (3), 501 – 518.

［158］Grossbart, S. , Hampton, R. , Rammohan, B. , & Lapidus, R. S. (1990). Environmental dispositions and customer response to store atmospherics. *Journal of Business Research*, 21 (3), 225 – 241.

［159］Gu, Y. , Botti, S. , & Faro, D. (2013). Turning the page: The impact of choice closure on satisfaction. *Journal of consumer research*, 40 (2), 268 – 283.

［160］Guadagno, R. E. , & Cialdini, R. B. (2010). Preference for consistency and social influence: A review of current research findings. *Social influence*, 5 (3), 152 – 163.

［161］Guido, G. , Peluso, A. M. , Mileti, A. , Capestro, M. , Cambò, L. , & Pisanello, P. (2016). Effects of background music endings on consumer memory in advertising. *International Journal of Advertising*, 35 (3), 504 – 518.

［162］Gupta, T. , & Hagtvedt, H. (2021). Safe together, vulnerable apart: How interstitial space in text logos impacts brand attitudes in tight versus loose cultures. *Journal of Consumer Research*, 48 (3), 474 – 491.

［163］Gyselinck, V. , De Beni, R. , Pazzaglia, F. , Meneghetti, C. , & Mondoloni, A. (2007). Working memory components and imagery instructions in the elaboration of a spatial mental model. *Psychological Research*, 71 (3), 373 – 382.

［164］Hagtvedt, H. , & Brasel, S. A. (2017). Color saturation increases perceived product size. *Journal of consumer research*, 44 (2), 396 – 413.

[165] Haines Jr, G. H., Simon, L. S., & Alexis, M. (1972). Maximum likelihood estimation of central-city food trading areas. *Journal of Marketing Research*, 9 (2), 154 – 159.

[166] Haist, F., Shimamura, A. P., & Squire, L. R. (1992). On the relationship between recall and recognition memory. *Journal of Experimental Psychology: Learning, Memory, and Cognition*, 18 (4), 691 – 702.

[167] Hall, E. T., & Hall, E. T. (1966). *The hidden dimension*. New York: Doubleday.

[168] Hampton, J. A. (1984). The verification of category and property statements. *Memory & Cognition*, 12 (4), 345 – 354.

[169] Hartmann, J., Sutcliffe, A., & Angeli, A. D. (2008). Towards a theory of user judgment of aesthetics and user interface quality. *ACM Transactions on Computer – Human Interaction (TOCHI)*, 15 (4), 1 – 30.

[170] Hayes, A. F. (2013). *Introduction to mediation, moderation, and conditional process analysis: A regression-based approach*. Washington, DC 20001: Guilford publications.

[171] Henderson, P. W., Giese, J. L., & Cote, J. A. (2004). Impression management using typeface design. *Journal of marketing*, 68 (4), 60 – 72.

[172] Hernandez, J. M. d. C., Wright, S. A., & Ferminiano Rodrigues, F. (2015). Attributes versus benefits: The role of construal levels and appeal type on the persuasiveness of marketing messages. *Journal of Advertising*, 44 (3), 243 – 253.

[173] Holmberg, L. (1975). *The influence of elongation on the perception of volume of geometrically simple objects*: Psychological Research Bulletin.

[174] Hou, Y., Sun, Y., Wan, L. C., & Yang, W. (2018). How can psychological contagion effect be attenuated? The role of boundary effect on menu design. *Journal of Hospitality & Tourism Research*, 42 (4), 606 – 626.

[175] Hoyer, W. D., Srivastava, R. K., & Jacoby, J. (1984). Sources of miscomprehension in television advertising. *Journal of Advertising*, 13 (2), 17 – 26.

[176] Hsee, C. K., & Zhang, J. (2004). Distinction bias: Misprediction

and mischoice due to joint evaluation. *Journal of personality and Social Psychology*, 86 (5), 680 – 695.

[177] Huang, L., & Lu, J. (2016). The impact of package color and the nutrition content labels on the perception of food healthiness and purchase intention. *Journal of Food Products Marketing*, 22 (2), 191 – 218.

[178] Huang, Y., Lim, K. H., Lin, Z., & Han, S. (2019). Large online product catalog space indicates high store price: Understanding customers' overgeneralization and illogical inference. *Information Systems Research*, 30 (3), 963 – 979.

[179] Huang, Y., Wu, J., & Shi, W. (2018). The impact of font choice on web pages: Relationship with willingness to pay and tourism motivation. *Tourism Management*, 66, 191 – 199.

[180] Hunt, A. R., & Kingstone, A. (2003). Covert and overt voluntary attention: Linked or independent? *Cognitive Brain Research*, 18 (1), 102 – 105.

[181] Ilyuk, V., & Block, L. (2015). The effects of single-serve packaging on consumption closure and judgments of product efficacy. *Journal of consumer research*, 42 (6), 858 – 878.

[182] Ipata, A. E., Gee, A. L., Bisley, J. W., & Goldberg, M. E. (2009). Neurons in the lateral intraparietal area create a priority map by the combination of disparate signals. *Experimental brain research*, 192 (3), 479 – 488.

[183] Ipata, A. E., Gee, A. L., Goldberg, M. E., & Bisley, J. W. (2006). Activity in the lateral intraparietal area predicts the goal and latency of saccades in a free-viewing visual search task. *Journal of Neuroscience*, 26 (14), 3656 – 3661.

[184] Irmak, C., Naylor, R. W., & Bearden, W. O. (2011). The out-of-region bias: Distance estimations based on geographic category membership. *Marketing Letters*, 22, 181 – 196.

[185] Izquierdo, I., Medina, J. H., Vianna, M. R., Izquierdo, L. A., & Barros, D. M. (1999). Separate mechanisms for short-and long-term memory. *Behavioural brain research*, 103 (1), 1 – 11.

[186] Jacob, E. K. , & Zhang, G. (2013). The role of virtual boundaries in knowledge sharing and organization. *NASKO*, 4 (1), 122 – 130.

[187] Jacoby, J. (1984). Perspectives on information overload. *Journal of consumer research*, 10 (4), 432 – 435.

[188] Jacoby, J. , Kohn, C. A. , & Speller, D. E. (1973). *Time spent acquiring product information as a function of information load and organization*. Paper presented at the Proceedings of the Annual Convention of the American Psychological Association.

[189] Jacoby, J. , Speller, D. E. , & Berning, C. K. (1974). Brand choice behavior as a function of information load: Replication and extension. *Journal of consumer research*, 1 (1), 33 – 42.

[190] Jacoby, L. L. (1979). Effects of elaboration of processing at encoding and retrieval: Trace distinctiveness and recovery of initial context. In L. S. Cermak & F. Craik (Eds.), *Levels of processing and human memory*: Lawrence Erlbaum: Hillsdale, NJ.

[191] Jacoby, L. L. , Ste – Marie, D. , & Toth, J. P. (1993). Redefining automaticity: Unconscious influences, awareness, and control. In *Attention: Selection, awareness, control: A tribute to Donald Broadbent* (pp. 261 – 282).

[192] Janiszewski, C. , Kuo, A. , & Tavassoli, N. T. (2013). The influence of selective attention and inattention to products on subsequent choice. *Journal of consumer research*, 39 (6), 1258 – 1274.

[193] Jiang, Y. , Adaval, R. , Steinhart, Y. , & Wyer Jr, R. S. (2014). Imagining yourself in the scene: The interactive effects of goal-driven self-imagery and visual perspectives on consumer behavior. *Journal of consumer research*, 41 (2), 418 – 435.

[194] Johnson, A. (2012). Procedural memory and skill acquisition. In J. Wiley (Ed.), *Handbook of Psychology, Second Edition* (Vol. 4, pp. 495 – 520).

[195] Jonides, J. (1983). Further toward a model of the mind's eye's movement. *Bulletin of the Psychonomic Society*, 21 (4), 247 – 250.

[196] Joy, A. (2001). Gift giving in Hong Kong and the continuum of so-

cial ties. *Journal of Consumer Research*, 28 (2), 239 – 256.

[197] Juan, C. -H. , Shorter – Jacobi, S. M. , & Schall, J. D. (2004). Dissociation of spatial attention and saccade preparation. *Proceedings of the National Academy of Sciences*, 101 (43), 15541 – 15544.

[198] Kahneman, D. , & Henik, A. (1977). Effects of visual grouping on immediate recall and selective attention. *Attention and performance VI*, 307 – 332.

[199] Kahneman, D. , & Henik, A. (1992). Perceptual organization and attention. In *Perceptual organization* (pp. 181 – 211): Routledge.

[200] Kahneman, D. , Treisman, A. , & Gibbs, B. J. (1992). The reviewing of object files: Object-specific integration of information. *Cognitive psychology*, 24 (2), 175 – 219.

[201] Kämpfe, J. , Sedlmeier, P. , & Renkewitz, F. (2011). The impact of background music on adult listeners: A meta-analysis. *Psychology of Music*, 39 (4), 424 – 448.

[202] Kardes, F. R. , & Kalyanaram, G. (1992). Order-of-entry effects on consumer memory and judgment: An information integration perspective. *Journal of Marketing Research*, 29 (3), 343 – 357.

[203] Kardes, F. R. , Posavac, S. S. , & Cronley, M. L. (2004). Consumer inference: A review of processes, bases, and judgment contexts. *Journal of Consumer Psychology*, 14 (3), 230 – 256.

[204] Kardes, F. R. , Posavac, S. S. , Cronley, M. L. , & Herr, P. M. (2018). Consumer inference. In H. CP, H. P. , & K. FR (Eds.), *Handbook of consumer psychology* (pp. 165 – 191): Routledge.

[205] Kaufman, E. L. , Lord, M. W. , Reese, T. W. , & Volkmann, J. (1949). The discrimination of visual number. *The American journal of psychology*, 62 (4), 498 – 525.

[206] Kellogg, R. T. , Newcombe, C. , Kammer, D. , & Schmitt, K. (1996). Attention in direct and indirect memory tasks with short-and long-term probes. *The American journal of psychology*, 109 (2), 205 – 217.

[207] Kelting, K. , & Rice, D. H. (2013). Should we hire David Beckham to endorse our brand? Contextual interference and consumer memory for

brands in a celebrity's endorsement portfolio. *Psychology & Marketing*, 30 (7), 602 – 613.

[208] Keltner, D., Gruenfeld, D. H., & Anderson, C. (2003). Power, approach, and inhibition. *Psychological review*, 110 (2), 265 – 285.

[209] Keltner, D., & Haidt, J. (2003). Approaching awe, a moral, spiritual, and aesthetic emotion. *Cognition and Emotion*, 17 (2), 297 – 314.

[210] Keogh, R., & Pearson, J. (2011). Mental imagery and visual working memory. *PloS one*, 6 (12), e29221.

[211] Kihlstrom, J. F. (1980). Posthypnotic amnesia for recently learned material: Interactions with "episodic" and "semantic" memory. *Cognitive psychology*, 12 (2), 227 – 251.

[212] Kim, H. S., & Drolet, A. (2003). Choice and self-expression: a cultural analysis of variety-seeking. *Journal of personality and social psychology*, 85 (2), 373 – 382.

[213] Kim, H. S., & Drolet, A. (2009). Express your social self: Cultural differences in choice of brand-name versus generic products. *Personality and Social Psychology Bulletin*, 35 (12), 1555 – 1566.

[214] Kimball, E., & Kim, J. (2013). Virtual boundaries: Ethical considerations for use of social media in social work. *Social Work*, 58 (2), 185 – 188.

[215] Koo, J., & Suk, K. (2016). The effect of package shape on calorie estimation. *International Journal of research in Marketing*, 33 (4), 856 – 867.

[216] Kosslyn, S. M., Pick Jr, H. L., & Fariello, G. R. (1974). Cognitive maps in children and men. *Child development*, 45 (1), 707 – 716.

[217] Kramer, A. F., & Jacobson, A. (1991). Perceptual organization and focused attention: The role of objects and proximity in visual processing. *Perception & psychophysics*, 50 (3), 267 – 284.

[218] Kray, L. J. (2000). Contingent weighting in self-other decision making. *Organizational behavior and human decision processes*, 83 (1), 82 – 106.

[219] Kray, L. J., & Gonzalez, R. (1999). Differential weighting in choice versus advice: I'll do this, you do that. *Journal of Behavioral Decision Mak-*

ing, 12 (3), 207 – 218.

[220] Krider, R. E., Raghubir, P., & Krishna, A. (2001). Pizzas: π or square? Psychophysical biases in area comparisons. *Marketing Science*, 20 (4), 405 – 425.

[221] Kristjánsson, A. (2006). Rapid learning in attention shifts: A review. *Visual Cognition*, 13 (3), 324 – 362.

[222] Kruglanski, A. W. (1996). Motivated social cognition: Principles of the interface. In E. T. Higgins & A. W. Kruglanski (Eds.), *Social psychology: Handbook of basic principles* (pp. 493 – 522). New York: Guilford Press.

[223] Kwan, C. M., Dai, X., & Wyer Jr, R. S. (2017). Contextual influences on message persuasion: The effect of empty space. *Journal of Consumer Research*, 44 (2), 448 – 464.

[224] Labrecque, L. I., Patrick, V. M., & Milne, G. R. (2013). The marketers' prismatic palette: A review of color research and future directions. *Psychology & Marketing*, 30 (2), 187 – 202.

[225] Lai, C.-J. (2008). An ergonomic study of Chinese font and color display on variable message signs. *Journal of the Chinese Institute of Industrial Engineers*, 25 (4), 306 – 313.

[226] Lamont, M., & Molnár, V. (2002). The study of boundaries in the social sciences. *Annual review of sociology*, 28 (1), 167 – 195.

[227] Lang, A. K., & Kosak, D. M. (1999). Information system and method for filtering a massive flow of information entities to meet user information classification needs. In: Google Patents.

[228] Larsen, D., & Watson, J. (2001). A guide map to the terrain of gift value. *Psychology & Marketing*, 18 (8), 889 – 906.

[229] Lavack, A. M., Thakor, M. V., & Bottausci, I. (2008). Music-brand congruency in highand low-cognition radio advertising. *International Journal of Advertising*, 27 (4), 549 – 568.

[230] Lee, A. Y. (2002). Effects of implicit memory on memory-based versus stimulus-based brand choice. *Journal of Marketing Research*, 39 (4), 440 – 454.

[231] Lee, A. Y., & Aaker, J. L. (2004). Bringing the frame into focus: The influence of regulatory fit on processing fluency and persuasion. *Journal of personality and social psychology*, 86 (2), 205 – 218. doi: https://doi.org/10.1037/0022 – 3514.86.2.205

[232] Lee, A. Y., & Sternthal, B. (1999). The effects of positive mood on memory. *Journal of consumer research*, 26 (2), 115 – 127.

[233] Lefcourt, H. M. (1973). The function of the illusions of control and freedom. *American psychologist*, 28 (5), 417 – 438.

[234] Levav, J., & Zhu, R. (2009). Seeking freedom through variety. *Journal of consumer research*, 36 (4), 600 – 610.

[235] Lewis, M. Q. (1971). Categorized lists and cued recall. *Journal of experimental psychology*, 87 (1), 129 – 131.

[236] Li, Q., Huang, Z. J., & Christianson, K. (2016). Visual attention toward tourism photographs with text: An eye-tracking study. *Tourism Management*, 54, 243 – 258.

[237] Liberman, N., & Trope, Y. (1998). The role of feasibility and desirability considerations in near and distant future decisions: A test of temporal construal theory. *Journal of personality and Social Psychology*, 75 (1), 5 – 18.

[238] Lin, H., Lin, W., Tsai, W.-C., Hsieh, Y.-C., & Wu, F.-G. (2015). *How different presentation modes of graphical icons affect viewers' first fixation and attention.* Paper presented at the International Conference on Universal Access in Human – Computer Interaction.

[239] Liu, S. (2015). Boundary Work and Exchange: The Formation of a Professional Service Market. *Symbolic Interaction*, 38 (1), 1 – 21.

[240] Locher, P. J., & Nodine, C. F. (1974). The role of scanpaths in the recognition of random shapes. *Perception & psychophysics*, 15 (2), 308 – 314.

[241] Logan, G. D. (1996). The CODE theory of visual attention: An integration of space-based and object-based attention. *Psychological review*, 103 (4), 603.

[242] Logie, R. H. (1986). Visuo-spatial processing in working memo-

ry. *Quarterly Journal of Experimental Psychology A Human Experimental Psychology*, 38 (2), 229 – 247.

[243] Luck, S. J., Chelazzi, L., Hillyard, S. A., & Desimone, R. (1997). Neural mechanisms of spatial selective attention in areas V1, V2, and V4 of macaque visual cortex. *Journal of neurophysiology*, 77 (1), 24 – 42.

[244] Lynch, J. G., Alba, J., & Hutchinson, J. W. (1991). Memory and decision making. In *Handbook of consumer behavior* (Vol. 1 – 9, pp. 1 – 48): Englewood Cliffs, NJ: Prentice – Hall, Inc.

[245] Lynch, J. G., & Srull, T. K. (1982). Memory and attentional factors in consumer choice: Concepts and research methods. *Journal of consumer research*, 9 (1), 18 – 37.

[246] Lynn, M. (1992). The psychology of unavailability: Explaining scarcity and cost effects on value. *Basic and Applied Social Psychology*, 13 (1), 3 – 7.

[247] Mackworth, N. H., & Morandi, A. J. (1967). The gaze selects informative details within pictures. *Perception & psychophysics*, 2 (11), 547 – 552.

[248] Madzharov, A. V., & Block, L. G. (2010). Effects of product unit image on consumption of snack foods. *Journal of Consumer Psychology*, 20 (4), 398 – 409.

[249] Magnini, V. P., & Kim, S. (2016). The influences of restaurant menu font style, background color, and physical weight on consumers' perceptions. *International Journal of Hospitality Management*, 53, 42 – 48.

[250] Mandler, G., & Shebo, B. J. (1982). Subitizing: An analysis of its component processes. *Journal of experimental psychology: General*, 111 (1), 1.

[251] Manns, J. R., & Eichenbaum, H. (2006). Evolution of declarative memory. *Hippocampus*, 16 (9), 795 – 808.

[252] Mantel, S. P., & Kardes, F. R. (1999). The role of direction of comparison, attribute-based processing, and attitude-based processing in consumer preference. *Journal of consumer research*, 25 (4), 335 – 352.

[253] Marckhgott, E., & Kamleitner, B. (2019). Matte matters: When matte packaging increases perceptions of food naturalness. *Marketing Letters*, 30

(2), 167-178.

[254] Masakura, Y., Nagai, M., & Kumada, T. (2010). Effective visual cue for guiding people's attention to important information on a computer display. *Kansei Engineering International Journal*, 9 (2), 51-56.

[255] Maslow, A. H. (1943). A theory of human motivation. *Psychological review*, 50 (4), 370-382.

[256] McClain, A., van den Bos, W., Matheson, D., Desai, M., McClure, S. M., & Robinson, T. N. (2014). Visual illusions and plate design: The effects of plate rim widths and rim coloring on perceived food portion size. *International Journal of Obesity*, 38 (5), 657-662.

[257] Mcconnell, J., & Quinn, J. G. (2000). Interference in visual working memory. *Quarterly journal of experimental psychology*, 53 (1), 53-67.

[258] McCracken, G. (1986). Culture and consumption: A theoretical account of the structure and movement of the cultural meaning of consumer goods. *Journal of Consumer Research*, 13 (1), 71-84.

[259] McNamara, T. P. (1986). Mental representations of spatial relations. *Cognitive psychology*, 18 (1), 87-121.

[260] McPeek, R. M., & Keller, E. L. (2002a). Saccade target selection in the superior colliculus during a visual search task. *Journal of neurophysiology*, 88 (4), 2019-2034.

[261] McPeek, R. M., & Keller, E. L. (2002b). Superior colliculus activity related to concurrent processing of saccade goals in a visual search task. *Journal of neurophysiology*, 87 (4), 1805-1815.

[262] Mehta, A., & Purvis, S. C. (2006). Reconsidering recall and emotion in advertising. *Journal of Advertising Research*, 46 (1), 49-56.

[263] Meng, L. (2004). *The role of culture and gender in consumer information processing styles: Exploring the effects on ad memory and attitude*. Paper presented at the ACR North American Advances.

[264] Merikle, P. M., & Reingold, E. M. (1991). Comparing direct (explicit) and indirect (implicit) measures tostudy unconscious memory. *Journal of Ex-*

perimental Psychology: Learning, Memory, and Cognition, 17 (2), 224 – 233.

[265] Metcalfe, J., & Fisher, R. P. (1986). The relation between recognition memory and classification learning. *Memory & Cognition*, 14 (2), 164 – 173.

[266] Meyers – Levy, J., & Zhu, R. (2007). The influence of ceiling height: The effect of priming on the type of processing that people use. *Journal of consumer research*, 34 (2), 174 – 186.

[267] Milgrom, P., & Roberts, J. (1986). Price and advertising signals of product quality. *Journal of political economy*, 94 (4), 796 – 821.

[268] Mishkin, M., Ungerleider, L. G., & Macko, K. A. (1983). Object vision and spatial vision: Two cortical pathways. *Trends in neurosciences*, 6, 414 – 417.

[269] Mishra, A., & Mishra, H. (2010). Border bias: The belief that state borders can protect against disasters. *Psychological Science*, 21 (11), 1582 – 1586.

[270] Moore, G. T., Lane, C. G., Hill, A. B., Cohen, U., McGinty, T., Jules, F. A., Hollenbeck, H. M., & Work, L. L. (1996). *Recommendations for child care centers*. Milwaukee, WI: Center for Architecture and Urban Planning Research, University of Wisconsin.

[271] Morgan – Short, K., Faretta – Stutenberg, M., Brill – Schuetz, K. A., Carpenter, H., & Wong, P. C. (2014). Declarative and procedural memory as individual differences in second language acquisition. *Bilingualism*, 17 (1), 56 – 72.

[272] Morton, T. L. (1978). Intimacy and reciprocity of exchange: A comparison of spouses and strangers. *Journal of personality and Social Psychology*, 36 (1), 72 – 81.

[273] Müller, H. J., & Rabbitt, P. M. (1989). Reflexive and voluntary orienting of visual attention: Time course of activation and resistance to interruption. *Journal of Experimental Psychology: Human Perception and Performance*, 15 (2), 315.

[274] Mulligan, N. W. (1997). Attention and implicit memory tests: The

effects of varying attentional load on conceptual priming. *Memory & Cognition*, 25 (1), 11 –17. doi: 111.

[275] Mulligan, N. W. (1998). The role of attention during encoding in implicit and explicit memory. *Journal of Experimental Psychology: Learning, Memory, and Cognition*, 24 (1), 27 –47. doi: 111.

[276] Mulligan, N. W., & Hartman, M. (1996). Divided attention and indirect memory tests. *Memory & Cognition*, 24 (4), 453 –465.

[277] Musen, G., & Treisman, A. (1990). Implicit and explicit memory for visual patterns. *Journal of Experimental Psychology: Learning, Memory, and Cognition*, 16 (1), 127 –137.

[278] Myrseth, K. O. R., & Fishbach, A. (2009). Self-control: A function of knowing when and how to exercise restraint. *Current Directions in Psychological Science*, 18 (4), 247 –252.

[279] Myrseth, K. O. R., Fishbach, A., & Trope, Y. (2009). Counteractive self-control: When making temptation available makes temptation less tempting. *Psychological Science*, 20 (2), 159 –163.

[280] Nicolao, L., Irwin, J. R., & Goodman, J. K. (2009). Happiness for sale: Do experiential purchases make consumers happier than material purchases? *Journal of Consumer Research*, 36 (2), 188 –198.

[281] Nobel, P. A., & Shiffrin, R. M. (2001). Retrieval processes in recognition and cued recall. *Journal of Experimental Psychology: Learning, Memory, and Cognition*, 27 (2), 384 –413.

[282] Norris, D. (2017). Short-term memory and long-term memory are still different. *Psychological bulletin*, 143 (9), 992 –1009.

[283] Noton, D., & Stark, L. (1971a). Scanpaths in eye movements during pattern perception. *Science*, 171 (3968), 308 –311.

[284] Noton, D., & Stark, L. (1971b). Scanpaths in saccadic eye movements while viewing and recognizing patterns. *Vision research*, 11 (9), 929 –IN928.

[285] O'Craven, K. M., Downing, P. E., & Kanwisher, N. (1999). FMRI evidence for objects as the units of attentional selection. *Nature*, 401

(6753), 584-587.

[286] Oakes, S., & North, A. C. (2006). The impact of background musical tempo and timbre congruity upon ad content recall and affective response. *Applied Cognitive Psychology: The Official Journal of the Society for Applied Research in Memory and Cognition*, 20 (4), 505-520.

[287] Ooi, T. L., & He, Z. J. (1999). Binocular rivalry and visual awareness: The role of attention. *Perception*, 28 (5), 551-574.

[288] Ordabayeva, N., & Chandon, P. (2016). In the eye of the beholder: Visual biases in package and portion size perceptions. *Appetite*, 103, 450-457.

[289] Otnes, C., Lowrey, T. M., & Kim, Y. C. (1993). Gift selection for easy and difficult recipients: A social roles interpretation. *Journal of consumer research*, 20 (2), 229-244.

[290] Paivio, A. (1990). *Mental representations: A dual coding approach*: Oxford University Press.

[291] Paivio, A. (2013). *Imagery and verbal processes*. NewYork: Holt, Rinehart & Winston: Psychology Press.

[292] Paivio, A., & Desrochers, A. (1979). Effects of an imagery mnemonic on second language recall and comprehension. *Canadian Journal of Psychology/Revue canadienne de psychologie*, 33 (1), 17-28.

[293] Paolacci, G., Straeter, L. M., & De Hooge, I. E. (2015). Give me your self: Gifts are liked more when they match the giver's characteristics. *Journal of Consumer Psychology*, 25 (3), 487-494.

[294] Park, C. W., Iyer, E. S., & Smith, D. C. (1989). The effects of situational factors on in-store grocery shopping behavior: The role of store environment and time available for shopping. *Journal of consumer research*, 15 (4), 422-433.

[295] Parker, J. R., & Lehmann, D. R. (2011). When shelf-based scarcity impacts consumer preferences. *Journal of Retailing*, 87 (2), 142-155.

[296] Pearson, R. G. (1964). Judgment of volume from photographs of complex shapes. *Perceptual and motor skills*, 18 (3), 889-900.

[297] Pechmann, C., & Stewart, D. W. (1990). The effects of comparative advertising on attention, memory, and purchase intentions. *Journal of consumer research*, 17 (2), 180 – 191.

[298] Pervan, S. J., Bove, L. L., & Johnson, L. W. (2009). Reciprocity as a key stabilizing norm of interpersonal marketing relationships: Scale development and validation. *Industrial Marketing Management*, 38 (1), 60 – 70.

[299] Petit, O., Lunardo, R., & Rickard, B. (2020). Small is beautiful: The role of anticipated food waste in consumers' avoidance of large packages. *Journal of Business Research*, 113 (1), 326 – 336.

[300] Petit, O., Spence, C., Velasco, C., Woods, A. T., & Cheok, A. D. (2017). Changing the influence of portion size on consumer behavior via imagined consumption. *Journal of Business Research*, 75, 240 – 248.

[301] Piaget, J. (1968). Quantification, conservation, and nativism. *science* (162), 976 – 979.

[302] Piaget, J., Inhelder, B., & Szeminska, A. (2013). *Child's conception of geometry* (Vol. 81). New York: Routledge.

[303] Piazza, M., Izard, V., Pinel, P., Le Bihan, D., & Dehaene, S. (2004). Tuning curves for approximate numerosity in the human intraparietal sulcus. *Neuron*, 44 (3), 547 – 555.

[304] Pieters, R., Rosbergen, E., & Wedel, M. (1999). Visual attention to repeated print advertising: A test of scanpath theory. *Journal of Marketing Research*, 36 (4), 424 – 438.

[305] Pieters, R., & Warlop, L. (1999). Visual attention during brand choice: The impact of time pressure and task motivation. *International Journal of research in Marketing*, 16 (1), 1 – 16.

[306] Pieters, R., & Wedel, M. (2007). Goal control of attention to advertising: The Yarbus implication. *Journal of consumer research*, 34 (2), 224 – 233.

[307] Piff, P. K., Dietze, P., Feinberg, M., Stancato, D. M., & Keltner, D. (2015). Awe, the small self, and prosocial behavior. *Journal of personality and social psychology*, 108 (6), 883 – 904.

[308] Plihal, W., & Born, J. (1997). Effects of early and late nocturnal sleep on declarative and procedural memory. *Journal of cognitive neuroscience*, 9 (4), 534–547.

[309] Poffenberger, A. T., & Franken, R. (1923). A study of the appropriateness of type faces. *Journal of applied psychology*, 7 (4), 312.

[310] Polman, E., & Maglio, S. J. (2017). Mere gifting: Liking a gift more because it is shared. *Personality Social Psychology Bulletin*, 43 (11), 1582–1594.

[311] Posner, M. I. (1980). Orienting of attention. *Quarterly journal of experimental psychology*, 32 (1), 3–25.

[312] Pracejus, J. W., O'Guinn, T. C., & Olsen, G. D. (2013). When white space is more than "burning money": Economic signaling meets visual commercial rhetoric. *International Journal of research in Marketing*, 30 (3), 211–218.

[313] Pracejus, J. W., Olsen, G. D., & O'Guinn, T. C. (2006). How nothing became something: White space, rhetoric, history, and meaning. *Journal of consumer research*, 33 (1), 82–90.

[314] Prinzmetal, W. (1981). Principles of feature integration in visual perception. *Perception & psychophysics*, 30 (4), 330–340.

[315] Puente-Diaz, R., & Cavazos-Arroyo, J. (2022). Experiential gifts and the construal of meaningful consumption episodes. *Humanities and Social Sciences Communications*, 9 (1), 1–8.

[316] Puente-Diaz, R., & Cavazos-Arroyo, J. (2021). Experiential gifts as meaningful moments and memories: Their influence on nostalgia, and relive intention. *Psychology & Marketing*, 38 (3), 553–563.

[317] Pusaksrikit, T., & Chinchanachokchai, S. (2021). Cultural differences in gift recipients' attitude and behavior toward disliked gifts. *Journal of Consumer Marketing*, 38 (5), 576–586.

[318] Putrevu, S., & Lord, K. R. (1994). Comparative and noncomparative advertising: Attitudinal effects under cognitive and affective involvement conditions. *Journal of Advertising*, 23 (2), 77–91.

[319] Raghubir, P. (2007). Are visual perceptual biases hard-wired? In *Visual Marketing* (pp. 155 – 178): Psychology Press.

[320] Raghubir, P., & Krishna, A. (1999). Vital dimensions in volume perception: Can the eye fool the stomach? *Journal of Marketing Research*, 36 (3), 313 – 326.

[321] Ratcliff, R., & Murdock, B. B. (1976). Retrieval processes in recognition memory. *Psychological review*, 83 (3), 190 – 214.

[322] Ray, M. L., & Sawyer, A. G. (1971). Repetition in media models: A laboratory technique. *Journal of Marketing Research*, 8 (1), 20 – 29.

[323] Rayner, K. (1978). Eye movements in reading and information processing. *Psychological bulletin*, 85 (3), 618.

[324] Rayner, K. (1998). Eye movements in reading and information processing: 20 years of research. *Psychological bulletin*, 124 (3), 372 – 422.

[325] Rayner, K. (2009). Eye movements and attention in reading, scene perception, and visual search. *The quarterly journal of experimental psychology*, 62 (8), 1457 – 1506.

[326] Rayner, K., Reichle, E. D., Stroud, M. J., Williams, C. C., & Pollatsek, A. (2006). The effect of word frequency, word predictability, and font difficulty on the eye movements of young and older readers. *Psychology and aging*, 21 (3), 448.

[327] Rayner, K., Rotello, C. M., Stewart, A. J., Keir, J., & Duffy, S. A. (2001). Integrating text and pictorial information: Eye movements when looking at print advertisements. *Journal of experimental psychology: Applied*, 7 (3), 219 – 226.

[328] Redden, J. P., & Hoch, S. J. (2009). The presence of variety reduces perceived quantity. *Journal of consumer research*, 36 (3), 406 – 417.

[329] Reynolds, J. H., & Chelazzi, L. (2004). Attentional modulation of visual processing. *Annu. Rev. Neurosci.*, 27, 611 – 647.

[330] Richardson – Klavehn, A., & Bjork, R. A. (1988). Measures of memory. *Annual review of psychology*, 39 (1), 475 – 543.

[331] Rim, S., Min, K. E., Liu, P. J., Chartrand, T. L., & Trope,

Y. (2019). The gift of psychological closeness: How feasible versus desirable gifts reduce psychological distance to the giver. *Personality and Social Psychology Bulletin*, 45 (3), 360 – 371.

[332] Rixom, J. M., Mas, E. M., & Rixom, B. A. (2020). Presentation matters: The effect of wrapping neatness on gift attitudes. *Journal of Consumer Psychology*, 30 (2), 329 – 338.

[333] Roediger, H. L., & Blaxton, T. A. (1987). *Retrieval modes produce dissociations in memory for surface information.* Paper presented at the Memory and learning: The Ebbinghaus Centennial Conference.

[334] Rosbergen, E., Pieters, R., & Wedel, M. (1997). Visual attention to advertising: A segment-level analysis. *Journal of consumer research*, 24 (3), 305 – 314.

[335] Rovee – Collier, C. K., Hayne, H., & Colombo, M. (2001). *The development of implicit and explicit memory*: John Benjamins Publishing Company Amsterdam, Netherlands.

[336] Rubin, Z. (1970). Measurement of romantic love. *Journal of personality and Social Psychology*, 16 (2), 265.

[337] Rucker, D. D., Galinsky, A. D., & Dubois, D. (2012). Power and consumer behavior: How power shapes who and what consumers value. *Journal of Consumer Psychology*, 22 (3), 352 – 368.

[338] Russo, J. E., & Leclerc, F. (1994). An eye-fixation analysis of choice processes for consumer nondurables. *Journal of consumer research*, 21 (2), 274 – 290.

[339] Sadalla, E. K., & Magel, S. G. (1980). The perception of traversed distance. *Environment and Behavior*, 12 (1), 65 – 79.

[340] Sadalla, E. K., & Staplin, L. J. (1980). The perception of traversed distance: Intersections. *Environment and Behavior*, 12 (2), 167 – 182.

[341] Sato, T., Murthy, A., Thompson, K. G., & Schall, J. D. (2001). Search efficiency but not response interference affects visual selection in frontal eye field. *Neuron*, 30 (2), 583 – 591.

[342] Sawyer, A. G. (1974). The effects of repetition: Conclusions and

suggestions about experimental laboratory research. In G. D. Hughes & M. L. Ray (Eds.), *Buyer/consumer information processing* (pp. 190 – 219): University of North Carolina Press.

[343] Schacter, D. L. (1987). Implicit memory: History and current status. *Journal of Experimental Psychology: Learning, Memory, and Cognition*, 13 (3), 501 – 518.

[344] Schenkman, B. N., & Jönsson, F. U. (2000). Aesthetics and preferences of web pages. *Behaviour Information and Technology*, 19 (5), 367 – 377.

[345] Schmitt, B. H., Pan, Y., & Tavassoli, N. T. (1994). Language and consumer memory: The impact of linguistic differences between Chinese and English. *Journal of consumer research*, 21 (3), 419 – 431.

[346] Schneider, S. C. (1987). Managing boundaries in organizations. *Political Psychology*, 8 (3), 379 – 393.

[347] Schroll, R., Schnurr, B., & Grewal, D. (2018). Humanizing products with handwritten typefaces. *Journal of consumer research*, 45 (3), 648 – 672.

[348] Scott, N., Zhang, R., Le, D., & Moyle, B. (2019). A review of eye-tracking research in tourism. *Current Issues in Tourism*, 22 (10), 1244 – 1261.

[349] Segev, R., Shoham, A., & Ruvio, A. (2013). Gift-giving among adolescents: Exploring motives, the effects of givers' personal characteristics and the use of impression management tactics. *Journal of Consumer Marketing*, 30 (5), 436 – 449.

[350] Sevilla, J., & Kahn, B. E. (2014). The completeness heuristic: Product shape completeness influences size perceptions, preference, and consumption. *Journal of Marketing Research*, 51 (1), 57 – 68.

[351] Sevilla, J., & Townsend, C. (2016). The space-to-product ratio effect: How interstitial space influences product aesthetic appeal, store perceptions, and product preference. *Journal of Marketing Research*, 53 (5), 665 – 681.

[352] Shapiro, S., & Krishnan, H. S. (2001). Memory-based measures for assessing advertising effects: A comparison of explicit and implicit memory effects. *Journal of Advertising*, 30 (3), 1 – 13.

[353] Sharma, N., & Monahan, L. (2019). Product performance implications of framing white space in advertising. *Journal of Consumer Marketing*.

[354] Shen, H., & Rao, A. (2016). Looks good to me: How eye movements influence product evaluation. *Journal of Consumer Psychology*, 26 (3), 435 – 440.

[355] Shen, H., Wan, F., & Wyer Jr, R. S. (2011). Cross-cultural differences in the refusal to accept a small gift: The differential influence of reciprocity norms on Asians and North Americans. *Journal of Personality Social Psychology*, 100 (2), 271 – 281.

[356] Shen, K., & Paré, M. (2007). Neuronal activity in superior colliculus signals both stimulus identity and saccade goals during visual conjunction search. *Journal of Vision*, 7 (5), 15 – 15.

[357] Sherry, J. F. (1983). Gift giving in anthropological perspective. *Journal of Consumer Research*, 10 (2), 157 – 168.

[358] Shiffrin, R. M., & Gardner, G. T. (1972). Visual processing capacity and attentional control. *Journal of experimental psychology*, 93 (1), 72.

[359] Shiffrin, R. M., & Geisler, W. S. (1973). Visual recognition in a theory of information processing.

[360] Shimamura, A. P. (1986). Priming effects in amnesia: Evidence for a dissociable memory function. *The Quarterly Journal of Experimental Psychology Section A*, 38 (4), 619 – 644.

[361] Shiota, M. N., Thrash, T. M., Danvers, A., & Dombrowski, J. T. (2017). *Transcending the self: Awe, elevation, and inspiration.* New York: Human Sciences Press.

[362] Skinner, E. A., Chapman, M., & Baltes, P. B. (1988). Control, means-ends, and agency beliefs: A new conceptualization and its measurement during childhood. *Journal of personality and social psychology*, 54 (1), 117 – 134.

[363] Slamecka, N. J. (1968). An examination of trace storage in free recall. *Journal of experimental psychology*, 76 (4), 504 – 513.

[364] Slamecka, N. J. (1969). Testing for associative storage in multitrial free recall. *Journal of experimental psychology*, 81 (3), 557 – 560.

[365] Slattery, T. J., & Rayner, K. (2009). The influence of text legibility on eye movements during reading. *Applied Cognitive Psychology*, 24 (8), 1129 – 1148.

[366] Stanton, G., Bruce, C., & Goldberg, M. (1995). Topography of projections to posterior cortical areas from the macaque frontal eye fields. *Journal of Comparative Neurology*, 353 (2), 291 – 305.

[367] Steffel, M., & Le Boeuf, R. A. (2014). Overindividuation in gift giving: Shopping for multiple recipients leads givers to choose unique but less preferred gifts. *Journal of Consumer Research*, 40 (6), 1167 – 1180.

[368] Stern, B. B. (1994). A revised communication model for advertising: Multiple dimensions of the source, the message, and the recipient. *Journal of Advertising*, 23 (2), 5 – 15.

[369] Stinson, L., & Ickes, W. (1992). Empathic accuracy in the interactions of male friends versus male strangers. *Journal of personality and Social Psychology*, 62 (5), 787 – 797.

[370] Styles, E. A. (2004). *Attention, perception and memory: An integrated introduction.* New York: Psychology Press.

[371] Styles, E. A. (2005). *Attention, perception and memory: An integrated introduction*: Psychology Press.

[372] Sugrue, M., & Dando, R. (2018). Cross-modal influence of colour from product and packaging alters perceived flavour of cider. *Journal of the Institute of Brewing*, 124 (3), 254 – 260.

[373] Sundar, A., & Noseworthy, T. J. (2014). Place the logo high or low? Using conceptual metaphors of power in packaging design. *Journal of Marketing*, 78 (5), 138 – 151.

[374] Tantillo, J., Lorenzo – Aiss, J. D., & Mathisen, R. E. (1995). Quantifying perceived differences in type styles: An exploratory study. *Psychology &*

Marketing, 12 (5), 447 – 457.

［375］Theeuwes, J. (1992). Perceptual selectivity for color and form. *Perception & psychophysics*, 51 (6), 599 – 606.

［376］Theeuwes, J. (1993). Visual selective attention: A theoretical analysis. *Acta psychologica*, 83 (2), 93 – 154.

［377］Theeuwes, J., Atchley, P., & Kramer, A. F. (2000). On the time course of top-down and bottom-up control of visual attention. *Control of cognitive processes: Attention and performance XVIII*, 105 – 124.

［378］Thomas, N. W., & Paré, M. (2007). Temporal processing of saccade targets in parietal cortex area LIP during visual search. *Journal of neurophysiology*, 97 (1), 942 – 947.

［379］Thompson, K. G., Biscoe, K. L., & Sato, T. R. (2005). Neuronal basis of covert spatial attention in the frontal eye field. *Journal of Neuroscience*, 25 (41), 9479 – 9487.

［380］Thorndyke, P. W. (1981). Distance Estimation from Cognitive Maps. *Cognitive psychology*, 13 (4), 526 – 550.

［381］Treisman, A. M., & Gelade, G. (1980). A feature-integration theory of attention. *Cognitive psychology*, 12 (1), 97 – 136.

［382］Tu, Y., Shaw, A., & Fishbach, A. (2016). The friendly taking effect: How interpersonal closeness leads to seemingly selfish yet jointly maximizing choice. *Journal of Consumer Research*, 42 (5), 669 – 687.

［383］Tulving, E., & Schacter, D. L. (1990). Priming and human memory systems. *science*, 247 (4940), 301 – 306.

［384］Tulving, E., Schacter, D. L., & Stark, H. A. (1982). Priming effects in word-fragment completion are independent of recognition memory. *Journal of Experimental Psychology: Learning, Memory, and Cognition*, 8 (4), 336.

［385］Tversky, B. (1981). Distortions in memory for maps ☆. *Cognitive psychology*, 13 (3), 407 – 433.

［386］Underhill, P. (2009). *Why we buy: The science of shopping—updated and revised for the Internet, the global consumer, and beyond*. New York: Simon and Schuster.

[387] Underwood, R. L., & Klein, N. M. (2002). Packaging as brand communication: Effects of product pictures on consumer responses to the package and brand. *Journal of Marketing Theory and Practice*, 10 (4), 58 – 68.

[388] Underwood, R. L., Klein, N. M., & Burke, R. R. (2001). Packaging communication: Attentional effects of product imagery. *Journal of product and brand management*, 10 (7), 403 – 422.

[389] Valdez, P., & Mehrabian, A. (1994). Effects of color on emotions. *Journal of experimental psychology: General*, 123 (4), 394.

[390] Van Boven, L., & Gilovich, T. (2003). To do or to have? That is the question. *Journal of personality and Social Psychology*, 85 (6), 1193 – 1202.

[391] Van Ittersum, K., & Wansink, B. (2012). Plate size and color suggestibility: The Delboeuf illusion's bias on serving and eating behavior. *Journal of consumer research*, 39 (2), 215 – 228.

[392] van Zoest, W., & Donk, M. (2004). Bottom-up and top-down control in visual search. *Perception*, 33 (8), 927 – 937.

[393] van Zoest, W., Donk, M., & Theeuwes, J. (2004). The role of stimulus-driven and goal-driven control in saccadic visual selection. *Journal of Experimental Psychology: Human Perception and Performance*, 30 (4), 746.

[394] Vishton, P. M., Rea, J. G., Cutting, J. E., & Nuñez, L. N. (1999). Comparing effects of the horizontal-vertical illusion on grip scaling and judgment: Relative versus absolute, not perception versus action. *Journal of Experimental Psychology: Human Perception and Performance*, 25 (6), 1659 – 1672.

[395] Viswanathan, M., Torelli, C. J., Xia, L., & Gau, R. (2009). Understanding the influence of literacy on consumer memory: The role of pictorial elements. *Journal of Consumer Psychology*, 19 (3), 389 – 402.

[396] Wakslak, C. J., Trope, Y., Liberman, N., & Alony, R. (2006). Seeing the forest when entry is unlikely: Probability and the mental representation of events. *Journal of experimental psychology: General*, 135 (4), 641.

[397] Wang, Y. J., Minor, M. S., & Wei, J. (2011). Aesthetics and

the online shopping environment: Understanding consumer responses. *Journal of Retailing*, 87 (1), 46 – 58.

[398] Ward, M. K., & Broniarczyk, S. M. (2011). It's not me, it's you: How gift giving creates giver identity threat as a function of social closeness. *Journal of Consumer Research*, 38 (1), 164 – 181.

[399] Ward, M. K., & Broniarczyk, S. M. (2016). Ask and you shall (not) receive: Close friends prioritize relational signaling over recipient preferences in their gift choices. *Journal of Marketing Research*, 53 (6), 1001 – 1018.

[400] Wardak, C., Denève, S., & Hamed, S. B. (2011). Focused visual attention distorts distance perception away from the attentional locus. *Neuropsychologia*, 49 (3), 535 – 545.

[401] Wedel, M., & Pieters, R. (2007). *Visual marketing: From attention to action*: Psychology Press.

[402] Wedel, M., & Pieters, R. (2008). A review of eye-tracking research in marketing. In *Review of marketing research* (Vol. 4, pp. 123 – 147).

[403] Wen, N., & Lurie, N. H. (2019). More than aesthetic: Visual boundaries and perceived variety. *Journal of Retailing*, 95 (3), 86 – 98.

[404] White, R. W. (1959). Motivation reconsidered: The concept of competence. *Psychological review*, 66 (5), 297.

[405] Wijntjes, M. W., Van Lienen, T., Verstijnen, I. M., & Kappers, A. M. J. P. (2008). The influence of picture size on recognition and exploratory behaviour in raised-line drawings. *Perception*, 37 (4), 602 – 614.

[406] Wolters, G., Van Kempen, H., & Wijlhuizen, G. -J. (1987). Quantification of small numbers of dots: Subitizing or pattern recognition? *The American journal of psychology*, 100 (2), 225 – 237.

[407] Woodworth, R. S., & Schlosberg, H. (1954). *Experimental psychology*: Oxford and IBH Publishing.

[408] Yan, D., Sengupta, J., & Wyer Jr, R. S. (2014). Package size and perceived quality: The intervening role of unit price perceptions. *Journal of Consumer Psychology*, 24 (1), 4 – 17.

[409] Yang, S., & Raghubir, P. (2005). Can bottles speak volumes?

The effect of package shape on how much to buy. *Journal of Retailing*, 81 (4), 269-281.

[410] Yantis, S. (2000). Goal-directed and stimulus-driven determinants of attentional control. *Attention and performance*, 18, 73-103.

[411] Yarbus, A. L. (2013). *Eye movements and vision*: Springer.

[412] Ye, N., Morrin, M., & Kampfer, K. (2020). From glossy to greasy: The impact of learned associations on perceptions of food healthfulness. *Journal of Consumer Psychology*, 30 (1), 96-124.

[413] Yeshurun, Y., & Carrasco, M. (1999). Spatial attention improves performance in spatial resolution tasks. *Vision research*, 39 (2), 293-306.

[414] Yoo, C. Y. (2008). Unconscious processing of web advertising: Effects on implicit memory, attitude toward the brand, and consideration set. *Journal of interactive marketing*, 22 (2), 2-18.

[415] Zanetti, O., Binetti, G., Magni, E., Rozzini, L., Bianchetti, A., & Trabucchi, M. (1997). Procedural memory stimulation in Alzheimer's disease: impact of a training programme. *Acta Neurologica Scandinavica*, 95 (3), 152-157.

[416] Zhang, Y., & Epley, N. (2012). Exaggerated, mispredicted, and misplaced: When "it's the thought that counts" in gift exchanges. *Journal of Experimental Psychology: General*, 141 (4), 667-681.

[417] Zhao, M., Gersch, T. M., Schnitzer, B. S., Dosher, B. A., & Kowler, E. (2012). Eye movements and attention: The role of pre-saccadic shifts of attention in perception, memory and the control of saccades. *Vision research*, 74, 40-60.

[418] Zhao, M., Lee, L., & Soman, D. (2012). Crossing the virtual boundary: The effect of task-irrelevant environmental cues on task implementation. *Psychological Science*, 23 (10), 1200-1207.

[419] Zhou, R., & Soman, D. (2003). Looking back: Exploring the psychology of queuing and the effect of the number of people behind. *Journal of consumer research*, 29 (4), 517-530.